Nicht verloren nur vorangegangen.

Berend Roosen

geb. in Hamburg 24. Mai 1835.   gest. auf Flores 14. April 1887.

Hans Ulrich Sieveking (Herausgeber)

Berend Roosen (1835–1887)

Lebensbild eines Hamburger Reeders

Aus Familienerinnerungen und einem Reisetagebuch

Bibliografische Information der Deutschen Nationalbibliothek:
Die Deutsche Nationalbibliothek verzeichnet diese Publikation in der
Deutschen Nationalbibliografie;
detaillierte bibliografische Daten sind im Internet über
http//dnb.dnb.de abrufbar

Herausgeber: Hans Ulrich Sieveking

Leverkusen 2019

Umschlagbild: Frachtdampfer vor Flores/Montevideo 1887

Frontispiz: Berend Roosen um 1880 (aus einer Gedächtnismappe)

Rückseite: Briefmarke von Chile um 1887

© Hans Ulrich Sieveking

Herstellung und Verlag:

BoD – Books on Demand, Norderstedt

ISBN: 9783748140474

Inhalt

Vorwort des Herausgebers

Von meinem Urgroßvater Berend VII. Roosen (1835–1887) wusste ich wenig, bis mir aus dem Nachlass von Onkel und Vater drei Dokumente und eine Gedächtnismappe in die Hände fielen, die dem Vorfahren deutlichere Konturen gaben:

Ein kleines handschriftliches Tagebuch von einer Seereise nach Südamerika aus den Jahren 1886/87 entpuppte sich als (einziger) Autograph des Urgroßvaters – der auf dieser Reise im Alter von 52 Jahren verstarb. Es ist ein in knapper Sprache geschriebener Bericht von der Fahrt eines Frachtdampfers, der zusätzlich noch mit Segeln ausgerüstet war, längs der chilenischen Küste zu zahlreichen Häfen.

Eine lebendige und geschichtenreiche Biographie von Berend Roosen hat seine Tochter Agnes aus ihrer Erinnerung um 1917 verfasst und mit Bildern versehen.

Schließlich existiert noch eine Familiengeschichte, von Arthur Roosen (1875–1960), einem Neffen des Urgroßvaters, 1952 herausgegeben. Neben persönlichen Eindrücken liegt der Schwerpunkt dieser Schrift auf der Darstellung der (Reederei-)Geschäfte der Familie.

Diese Niederschriften sind im Folgenden zusammen mit einigen Ergänzungen wiedergegeben – die Familiengeschichte nur in Auszügen, die Berend VII. Roosen und seine Nachkommen betreffen.

Es ergibt sich das Bild eines Hamburger Kaufmanns aus mennonitischer Familie, der am Ende der Segelschiffzeit den Niedergang der eigenen Reederei erlebt und sie schließlich aufgeben muss. Obgleich er sich an einer Dampfschifffahrtsgesellschaft beteiligt, reichen die finanziellen Mittel nicht mehr für eine aufwändige Haushaltsführung.

Berends Kontakte sind vor allem verwandtschaftlicher Art. Besonders eng ist die Verbindung mit der Familie Linnich. Nach dem frühen Tod seiner ersten Frau heiratet Berend in zweiter Ehe seine Schwägerin, Johanna Linnich – die andere Schwägerin lebt mit seiner Schwester zusammen. Die Bedeutung der Frauen für den Roosen'schen Haushalt wird aus dem Bericht von Berends Tochter Agnes deutlich, den sie ihrer Schwester Käthe Sieveking, geb. Roosen, und deren Söhnen gewidmet hat, denen sie auch eine gute Tante sein wollte.

Teil I: Agnes Roosen – Mein Vater Berend Roosen

Einige Aufzeichnungen für Käthe Sieveking, geb. Roosen, und ihre Kinder nach meinem Gedächtnis und Erzählungen anderer.

Mir liegt hauptsächlich daran, die halb vergessenen Erinnerungen an meinen Vater aufzufrischen – so viel, wie ich davon weiß, damit seine Enkel erfahren, was dieser arme, unglückliche Mann erlitten hat, und ihn lieben lernen so wie ich meinen Großvater, den ich auch nur nach dem Bild liebe und verehre, ohne ihn je gekannt zu haben.

1. Die Großeltern

Nun ich eben von dem Großvater gesprochen habe, ist es wohl am besten, ich sage auch einige Worte von ihm; wenig ist es nur, aber ich berichte nach Erzählungen, die doch immerhin besser sind als trockene Chroniken.

Ein großer, kräftiger Mann war der Großvater [Abb. 1], ein Despot vielleicht, aber ich glaube, er war ein kluger Mann, ein Patrizier nach der alten Zeit, edle und vornehme Gesinnungen traue ich ihm zu. Allerdings war er hart, und die Frau [Abb. 2], eine kleine, etwas starke Dame, soll es nicht ganz leicht gehabt haben. Derartige Ehen gab es früher wohl viele. Was der Großvater wollte, geschah; die Großmutter hat auch nie viel eigenen Willen gehabt; sie hatte wohl die innere Überzeugung, dass sie sich ihrem Eheherrn fügen müsse. Wenn er ausging und seiner Frau etwas mitteilen wollte, klopfte er mit seinem Stock auf den Fußboden, dass es durch das ganze Haus dröhnte, und dann kam die kleine Frau vom Boden, Keller oder Gott weiß woher an, um nach seinen Wünschen zu fragen. Diese waren oft unwesentlicher Art, aber kommen musste sie.

Unser Großvater war ein sehr tüchtiger Kaufmann, er hatte natürlichen Verstand, aber keine ernsten wissenschaftlichen Interessen.

Das Haus, in dem die Großeltern wohnten, war auf dem Neuenwall 82. In Nr. 84 wohnte der Bruder Salomon, dann kam das Stadthaus. Es war ein großes Haus mit vielen Fenstern und einem Eingang im Torweg. Nach hinten hinaus war ein Garten, der bis ans

Fleet ging. Vom Haus seitlich in den Garten hineingebaut waren Wirt-
schaftsräume, ein Aufwaschgelass, wo das Mädchen bei bitterster Kälte beim Schein eines kleinen Talglichts aufwaschen musste.

Abb. 1 Berend V. Roosen (1795–1860)

Im Sommer wohnten die Großeltern draußen in Nienstedten, wo die vielberühmte Tante Hannchen (1790–1871), Schwester des Großvaters, im Sommer den Haushalt führte. Das Haus ist jetzt in Vorwercks Besitz, der es nach Johannes Roosens [1790–1869] Tod gekauft hat.

Abb. 2 Catharina Roosen, geb. Goos (1808–1862)

Beide Haushaltungen waren einfach und solide, wie es damals Sitte war, besonders auch in mennonitischen Kreisen. Die drei Kinder der Großeltern waren [s. Stammbaum im Anhang II]:

1. Marie, verheiratet an Hermann Linnich, unserer Mutter Bruder,
2. Catharina Wilhelmine [Mine],
3. Berend [VII.], unser Vater.

2. Die Tanten

Tante Marie war still, sehr ruhig veranlagt, saß viel mit ihrer Mutter zusammen im Haus und machte Handarbeit. Sie hatte die kleine, untersetzte Figur der Mutter, aber ein hübsch geschnittenes Gesicht, regelmäßige Züge.

Wilhelmine, die wir immer „Tante Mine" nannten, war ebenfalls klein und sehr stark [Abb. 3]. Sie hatte den Charakter des Vaters, energisch, angeborene Klugheit, gepaart mit Humor. Sie war, ebenso wie der Vater, despotisch. Je älter sie wurde, desto mehr ähnelte sie auch im Gesicht dem Vater, soviel ich nach dem Bild urteilen konnte. Diese Ähnlichkeit war aber für sie keine glückliche. Was bei dem Vater hübsch war, war bei ihr hässlich; alle Züge waren für einen Frauenkopf zu grob. Nur hatte sie ein Paar sehr gütige, kluge Augen und kleine, starke, aber schön geformte Hände.

Der Vater verlangte nicht allein von seiner Frau, sondern auch von den Töchtern unbedingten Gehorsam. Ausgehen in Gesellschaften etc. durften sie, aber Ausschlafen am anderen Morgen war ihnen nicht erlaubt. Vor 8 Uhr abends durften sie nicht ausruhen oder die Hände in den Schoß legen, d.h. viele Beschäftigungen im Haushalt waren ihnen kaum auferlegt, aber sie mussten bald dieses, bald jenes tun; besonders viel Handarbeit machen, namentlich Stricken. Wenn sie im Sommer in den Garten gehen wollten und herumbummeln wie andere junge Damen, so durften sie es tun, aber mit dem Strickstrumpf in der Hand, wenn das aufgegebene Pensum noch nicht erledigt war. Dies war Tante Mine so in Fleisch und Blut übergegangen, dass sie sich in späteren Jahren, als die Eltern nicht mehr lebten, jeden Tag eine Zahl [Maschen] aufgab, die sie dann auch gewissenhaft abarbeitete.

Abb. 3 Wilhelmine („Mine") Roosen (1833–1899)

Der Verkehr war meist in der Familie. Tante Marie ging nicht gerne aus, Tante Mine sehr gerne. Trotz ihres starken Körpers tanzte sie viel und gut. Sie hielt viel von ihren Vettern. Recht beliebt war sie bei den verschiedenen Onkeln und Tanten. Sie war immer schlagfertig, ging auf jeden Witz der ersteren ein, und gegen die letzteren war sie eine aufmerksame Nichte. So brachte sie Leben in die etwas öden Familien.

Dieser Verkehr außer dem Hause musste sie für manches im Hause entschädigen. Obgleich Tante Mine ihre Eltern, besonders den Vater, abgöttisch liebte, hat sie es doch schmerzlich empfunden, dass die Eltern ihr nicht dieselbe Liebe entgegenbrachten wie den Geschwistern. Dass der Bruder verwöhnt wurde, fand sie gewiss natürlich, da sie ihn selbst sehr liebte, außerdem war er der Jüngste und *Sohn*, das will besonders in Hamburg sehr viel besagen; dass aber Marie ihr vorgezogen wurde, hat sie bitter geschmerzt. Man nannte ihre Schwester hübsch, und von sich hörte sie einmal im Nebenzimmer ihren Vater sagen, es sei doch eigentlich recht schade, dass sie so hässlich sei, sie würde deshalb auch wohl nicht heiraten.

Überhaupt ist man ihr gegenüber nie rücksichtsvoll gewesen. Sie hatte, ohne besonders musikalisch zu sein, eine brennende Liebe zur Musik, aber an der Ausübung zum Klavierspiel hinderten sie ihre kurzen, starken Finger. Trotzdem bekam sie Unterricht, der ihr sehr schwer wurde. Sie muss wohl selbst gezweifelt haben, etwas darin zu leisten, denn sie befragte ihren Lehrer, ob er glaube, dass sie jemals etwas erreichen würde. „Eher geht ein Kamel durch ein Nadelöhr, als dass du Klavierspielen lernst", war die Antwort.

Da hieß es nun: entweder – oder: Sie wählte das „oder", und da es überhaupt in ihrer Natur lag, eine Aufgabe zu lösen, sei sie noch so schwer, machte sie sich daran, das gerade zu erreichen, was anderen kaum möglich dünkte. Sie übte und übte ihre kurzen, dicken Finger, so dass sie erlangte, was ein nur wenig musikalischer Mensch in Musik erreichen kann: eine großartige Fingerfertigkeit. Sie hat es so weit gebracht, dass sie in Gesellschaften vorspielte, allerdings mehr als Begleitende – sei es vierhändig oder zur Violine etc. Sie war klug genug, nie oder nur selten Solostücke vorzutragen, da ihr hierzu das musikalische Empfinden fehlte. Was sie dann selbst nicht erlernen konnte, hat sie später anderen ermöglicht. So hat unsere Mutter, als sie sieben Jahre bei ihr wohnte, Klavierunterricht gehabt; später Tante Bertha [Linnich]; und die Sorge für unseren musikalischen Unterricht hat sie auch übernommen. Besondere Freude machte ihr dann die große musikalische Begabung unserer Schwester Laura.

Ähnlich waren Tante Mines gesangliche Leistungen: taktfest, bombensicher im Einsatz, aber klanglich unschön. Da war sie nun eine geschätzte Stütze im Chor der Singakademie, zuerst unter Grund, später unter von Bernuth; sie verfehlte nie einen Einsatz und gab oft den Ton wie ein Souffleur kurz vorher an, um ihre Nachbarn mitzureißen.

Ebenfalls hat sie sich mit Malerei befasst und nahm diese Beschäftigung nach langer Pause wieder auf, als sie durch ihr Leiden am Ausgehen gehindert wurde. Von ihren hübschen Leistungen im Kopieren haben wir noch einige Proben. Tante Mines Haupttätigkeit, besonders nach dem Tod ihrer Mutter, bestand in der Armen- und Krankenpflege. Dem Sieveking'schen Verein gehörte sie viele Jahre als tätiges Mitglied an; sie fand dort ein reiches Feld für ihre immer zum Helfen bereite Hand. So floss ihr Leben trotz aller Eintönigkeit nicht einseitig dahin, nur vielfach durch körperliche Leiden gehemmt, trotzdem sie einen kräftigen, gesunden Eindruck machte. Aber ihr schwerer Körper war ihr eine Last; sie hat sich oft auf den Straßen auf den Beischlägen ausgeruht, weil ihre Hüftgelenke geschmerzt haben; sie hat zu wenig Gelenkwasser gehabt, aber nie geklagt. Denn wenn sie mit derartigen Sachen gekommen wäre, hätte es geheißen: Du kannst ja zu Hause bleiben, wir schicken dich nicht fort, Marie ist ja auch im Hause. Aber das trockene Leben sagte ihr nicht zu.

Ich erzähle mehr von unserer Tante, als meine Absicht war, aber ihr Leben ist so eng mit dem unsrigen verknüpft, dass ich ihr schuldig bin, mich über sie zu verbreiten, denn sie ist uns, ich möchte sagen, ein zweiter Vater geworden.

3. Der Vater

Und nun unser Vater [Abb. 4]. Er ist in gewisser Weise auch streng erzogen, aber als einziger Sohn auch verwöhnt worden, verwöhnt in dem Sinn, dass er vor keine großen Aufgaben gestellt wurde. Die Eltern hielten es nicht für nötig, dass er viel lernte, obgleich unser Vater ganz sicher die Fähigkeiten dazu hatte.

Es lag überhaupt kein großer geistiger Trieb in der ganzen Roosen'schen Familie. Allerdings hatte unser Großvater viel Freude an der Poesie seiner Zeit; er lernte gern Gedichte auswendig, die er dann im Familienkreise rezitierte; er bevorzugte Gedichte religiösen Inhalts. In späteren Jahren hat unser Vater eingesehen, dass seine Erziehung nicht richtig gewesen ist, weshalb im Verein mit unserer Mutter seine größte Sorge gewesen ist, seinen einzigen Sohn etwas Ordentliches lernen zu lassen. Übrigens, besonders extravagante Wünsche wird unser Vater als Knabe nie gehabt haben, aber was ihm Freude machte, wurde ihm gewährt. Ich erinnere, von einem Ziegenwagen gehört zu haben, mit dem er viel in Nienstedten herumfuhr. Er fuhr auch bisweilen seine Schwestern darin aus, die aber gewiss mehr zu seinem Vergnügen mit ihm gespielt und sich dabei nach seinen Wünschen gerichtet, als umgekehrt. Immerhin war Papa keine herrische Natur. Sehr still und verschlossen; Freude und Leid hat er nur selten andern mitgeteilt, beides in sich verarbeitet, empfänglich für beides, weit mehr als seine Vettern, die nur trocken veranlagte Kaufleute waren. Einen einzigen Freund hatte Papa nur in seiner Jugend, da er sich sehr schwer anschloss. Das war te Kloot aus Krefeld, Bruder von Frau Dr. [Johannes] Amsinck. Dieser junge Mann sollte von seinem Onkel Wilhelm te Kloot und Frau [Gertrud], geb. Roosen, angenommen werden, da sie kinderlos waren. Die Freunde wollten sich zusammen etablieren, aber te Kloot starb in jungen Jahren.

4. Weltreise (um 1857)

Als unser Vater zwanzig Jahre alt war, hatte er eine Lehrzeit hinter sich und, vom Militär als Mennonit losgekauft, wünschte er nun, eine Reise um die Welt zu machen. Sein Vater erlaubte es ihm, da ja die Mittel vorhanden waren.

Mama hat später gesagt, unser Großvater hätte richtiger getan, die große Reise in so jungen Jahren nicht zu gestatten. Dass unser Vater später wohl nicht mehr zu einer Vergnügungsreise gekommen wäre, konnte man ja nicht wissen. Papa hätte wohl ins Ausland gehen können, aber nicht als freier Mann mit einem gefüllten Geldbeutel. Die Vettern waren in England gewesen, hatten dort gelernt, und das wäre für unseren Vater auch besser gewesen. Von dort hätte er in ein überseeisches Haus gehen können und hätte sich mehr praktische Kenntnisse aneignen können.

Abb. 4 Berend VII. Roosen (um 1860)

Zwei Jahre blieb Papa fort. Von Hamburg nach Mexiko, durch Mexiko teils geritten, teils im Omnibus gefahren, wo Papa in Gesellschaft mit anderen Herren überfallen und beraubt wurde, was Papa uns oft mit Vergnügen und sehr anschaulich erzählte. Dann ging es nach Südamerika, Buenos Aires, um die Küste herum nach Valparaiso und hinauf bis Lima. Dort soll Papa das Land so schön gefunden haben, dass es ihn auf seiner zweiten Reise unwiderstehlich anzog, noch einmal hinaufzugehen, aber diesmal, um sich dort den Keim zu seinem Tode zu holen.

Dann ging es wieder über den Ozean nach Japan und China. Die Seefahrten machte Papa im Segelschiff. Oft hat Papa uns erzählt, wie das Schiff schaukelte, und wenn eines von uns Kindern eine Speise nicht mochte, erzählte Papa von den schauderhaften Gerichten an Bord. Ein Pudding, worin Fliegen anstatt Korinthen waren, spielte die Hauptrolle. Papa hatte sich auf dieser Reise angewöhnt, schnell und hastig zu essen. Die Kost war knapp und mangelhaft, und wer langsam aß, kam nicht zu seinem Recht. Daraus schließe ich, dass die Mitreisenden recht unmanierliche Leute gewesen sein müssen, die sich unbescheiden, ohne Rücksicht auf andere, zuerst selbst versorgten. Papa hatte es zuerst als unwissender und gefälliger Jüngling übernommen, den Braten zu tranchieren, kam dabei aber immer zu kurz, da jedes eben abgeschnittene Stück Fleisch vom Teller weggegabelt wurde. Da war es nun nötig, sich selbst zuerst zu besorgen und sein Stück schnell zu verschlingen, ehe eine fremde Hand es fortriss. Vielleicht hat Papa das Amt des Fleischschneidens später aufgegeben, das schnelle Essen aber, besonders der heißen Suppen, nie.

In China hat Papa eine chinesische Hochzeit mitgemacht, die in den Tagebüchern beschrieben ist. Aus diesen ist auch die ganze Reise nachzulesen. Wo sie sind, weiß ich nicht, vielleicht hat Berend [VII.] sie.

Indien gefiel Papa sehr, doch soll das ganze Land einen eigentümlichen Eindruck machen, als ob ein gewisses Etwas dem Ganzen fehle. Mama gab im Damenkreise bisweilen eine Bemerkung wieder, die Papa über Indien gemacht hatte: „Es gibt dort die schönsten Vögel, aber sie singen nicht, die schönsten Blumen, aber sie duften nicht, die schönsten Frauen, aber …" – Dieses Manko habe ich leider nie erfahren, denn es wurde immer sehr leise gesagt. Dann lachten die alten Damen etwas verlegen, sahen aber so aus, als ob sie begriffen hätten.

5. Generationswechsel (1860–1862)

Kurze Zeit, nachdem Papa zurückkam [1860], starb sein Vater, der alleinige Inhaber der Firma *Salomon und Berend Roosen*. Unser Großvater war erst 65 Jahre alt, aber der große Brand von 1842 und die Krisis im Jahre 1850 hatten seinem kräftigen Körper einen solchen Ruck gegeben, dass er sich von den Schrecken nicht erholen konnte. Bei dem Brand soll er gerettet haben; ob und inwieweit sein eigenes Haus dabei in Frage kam, weiß ich nicht. Er hatte seine Familie untergebracht, ging selbst in die Stadt zurück und blieb dort einige Tage in angestrengter körperlicher Tätigkeit. Als er dann kam, die Seinigen zu besuchen, erschraken sie über sein Aussehen; sie kannten ihn kaum wieder, so sehr war er verändert; sein Haar war weiß geworden. In der großen Krisis war er einige Tage in Gefahr, sein ganzes Vermögen zu verlieren. Aber sie ging vorüber, ohne ihm Schaden zu tun. Auch diese Nervenanspannung machte ihn über seine Jahre alt.

Bei unseres Großvaters Tod ging manche Veränderung vor. Der Haushalt in Nienstedten löste sich auf und ging ganz in Johannes Roosens [1824–1907] Hände über. Unsere Großmutter, seit längerer Zeit leidend, kaufte sich ein Grundstück an der Elbchaussee – das spätere Schröder'sche –, wo sie allein leben konnte. Tante Marie war verheiratet, und Tante Mine führte nun den Hausstand, und zwar auf ihre Art: recht energisch. Sie wollte ja immer das Beste, vergaß aber oft, auf die Ansichten der anderen zu achten. So kam es, dass ihre guten Absichten nicht immer einen günstigen Erfolg hatten.

Sie glaubte nun, ihre leidende Mutter aufzuheitern, wenn sie mit ihr eine Reise nach Norden zu Verwandten machte. Ein etwas gewagtes Unternehmen, da die alte Dame gewiss selten oder nie gereist war. Die Reise soll denn auch sehr unglücklich ausgefallen sein und dem kranken Zustand eher geschadet als genützt haben. Die Bahnverbindungen waren damals ungünstig, und eine furchtbare Wagenfahrt, Unbequemlichkeit des Unterkommens bei den Koolmanns, sollen dazu beigetragen haben, aus der Erholung eine Strapaze zu machen.

Kaum zwei Jahre nach dem Tod des Großvaters starb auch unsere Großmutter. Nun löste sich der ganze Hausstand auf, der Besitz an der Elbe wurde verkauft, ebenso das Haus auf dem Neuenwall. Unser Vater und Tante Mine richteten sich zusammen eine Häuslichkeit ein und bezogen ein Parterre Ecke Alstertor und Ferdinandstraße, wo Papa auch sein Kontor hatte. Tante Mine fühlte sich nach der Eltern Tod vereinsamt und lud die Schwester ihres Schwagers, Johanna, für einige Wochen zum Besuch ein. Aus diesen sechs Wochen wurden sieben Jahre, in denen beide sehr gut harmonierten.

Die Veränderungen im Geschäft waren weit eingreifender und wurden für Papa folgenschwer. Die Inhaber der Firma waren jetzt Eduard und Rudolf Roosen, der älteste und der jüngste Sohn von Salomon, und Papa, als einziger Sohn von Berend V. Roosen. Die beiden Vettern waren weit älter, waren in England gewesen und hatten reiche Erfahrungen gesammelt. Sie waren für das alte, lang gewohnte System, wenig genial, aber praktisch, ganz nüchterne Kaufleute. Papa kam nun von seinen Reisen mit allerhand Ideen wieder, war begeistert für Schiffswesen und hatte Lust, allerlei zu unternehmen. Das gab nun häufig Reibereien, da die Brüder Papas Ansichten von vornherein als unreif verwarfen und ihm auch nur wenig Stimme ließen. Die Folge dieser Meinungsverschiedenheiten war, dass die drei Vettern beschlossen, sich zu trennen. Die Firma bestand aus einem Bankgeschäft und einer Reederei. Papa in seiner Liebhaberei für Schiffe übernahm die Reederei, und die Vettern die Bank, die ihnen wohl das Sicherste dünkte. Einige Jahre später traten im Geschäftswesen große Umwälzungen ein, und da die Brüder sich den Neuerungen nicht anschließen wollten, gaben sie das Geschäft auf.

6. Die Segelschiffreederei und ihr Untergang (1862–1882)

Unserem Vater ging es anders. Die Reederei war nur klein und konnte sich auch nicht wesentlich vergrößern, da die Bank ihr nicht zur Seite war. Papa hat nacheinander vierzehn Segelschiffe gehabt [s. Anhang I]. Sie gingen meist nach China, und hätte Papa nicht so namenlos viel Unglück gehabt, so hätte die Reederei auch noch länger bestehen können. Papa war weit tüchtiger und praktischer, als er selbst glaubte;

18

wenn er nur mehr Vertrauen zu sich selbst gehabt hätte und nach seinen eigenen Erwägungen gehandelt hätte! Aber er war Fatalist und hat im Glauben an eine Schicksalsbestimmung manchen Fehlgriff getan. Bei der *Kosmos-Linie*, der er in späteren Jahren beitrat, war sein Rat sehr geschätzt, und als er eine Zeitlang Gelegenheit hatte, den Direktor zu vertreten, hat er alles umsichtig und gut geleitet, so dass die Herren ihm für seine Tätigkeit sehr dankbar waren. Auch in der Mennonitengemeinde hat Papa manch Gutes gewirkt, und sein Rat wurde gerne befolgt.

Leider ließ sich aber unser Vater bisweilen überreden, auf Geschäfte einzugehen, die nicht sicher waren. Papa brauchte eben viel Geld fürs Geschäft und auch für seinen Haushalt; er hoffte dann, durch glückliche Spekulationen den Bedarf zu decken. Die Makler Behrens und ein Herr von Pusstau aus Altona haben Papa für manche Unternehmung zu gewinnen verstanden, die nachher fehlschlug.

Von den Schiffen gingen manche unter. Ich. erinnere noch die Verhandlungen über eines, das bei den Scilly-Inseln gesunken war [*Excelsior* II, 1881]; ein anderes im Großen Ozean. Diese waren versichert, aber der Verlust wird doch nicht immer gedeckt; zum Mindesten fällt der erhoffte Gewinn der Fahrt fort. An solchen Verlusten trägt eine kleine Firma schwerer als die jetzigen großen Gesellschaften.

Nach dem Sinken eines Schiffes versuchen die Versicherungsgesellschaften ihr Möglichstes, dasselbe wieder in die Höhe zu bringen. Gelingt es ihnen, ist die Prämie viel kleiner und der Reeder hat dann die Reparaturen zu bezahlen, die oft die ausgezahlte Prämie überschreiten, da man nicht gleich den ganzen Schaden übersehen kann. Ich erinnere solche Wochen voll Spannung, wenn ein gesunkenes Schiff gehoben werden sollte. Es waren zu beiden Seiten Rettungsschiffe verankert, von denen aus Ketten unter den Rumpf des gesunkenen Schiffes gelegt wurden. Wenn das Schiff oben blieb und sich hatte schleppen lassen, wurde die Prämie nicht voll ausbezahlt. Mit fieberhafter Spannung verfolgten wir die Berichte. Das Schiff kam höher und höher, jetzt war es über Wasser – unsere Stimmung war gedrückt –, der nächste Tag machte uns aufjauchzen, das Schiff war wieder von den Ketten abgeglitten. Das wiederholte sich noch zweimal, bis endlich die Gesellschaft die Bergungsversuche aufgab.

Das größte Unglück hatte Papa im Jahr 1877: Er hatte ein ganz neues Schiff eiserner Konstruktion, was mit guter Ladung von China abgegangen war. Der Reis war schon auf dem Markt verkauft, und Papa hoffte, durch die gute Fracht viele Verluste wieder einzubringen. Papa ließ das Schiff unversichert abgehen, da es ganz neu war, den erfahrensten Kapitän hatte und außerdem die Versicherungsprämien seit kurzem erheblich erhöht waren, so dass der Reingewinn beträchtlich geschmälert wurde, wenn diese große Summe abgezogen werden sollte. Nun verfolgte Papa mit Spannung die Fahrt des *Herkules*, immer schwankend, ob er noch versichern solle – man kann nämlich immer noch während der Fahrt versichern. Woche auf Woche verging, alles war günstig; das Schiff war auf der Heimreise, alle Klippen waren umschifft; es war durch den Kanal gekommen, wie atmete Papa auf! Nur noch eine Nacht, jetzt kann nichts mehr passieren. Glücklich ging Papa am Morgen fort – „Johanna, jetzt muss es da sein, nun wird noch alles gut werden."

Papa geht ans Kontor, es ist keine Nachricht da. Sollte es sich noch verspätet haben? Papa wartet. Der Kapitän kommt doch immer und meldet die Fahrt, warum nur heute nicht? Schließlich kann Papa es nicht mehr aushalten, er geht auf die Straße. In der Admiralitätstraße trifft Papa den Kapitän, wirr und verwahrlost aussehend, der sonst an Land so schmuck aussah.

„Mein Gott, Lohse [richtig: Kapt. Jürgensen], was ist Ihnen denn?" – „Herr Roosen, wir sind untergegangen, ganz und gar, hier bei Blankenese." – „Sind die Mannschaften gerettet?" – „Ja, Herr Roosen, aber sonst nichts, wir sind angerannt vom Engländer."

So war es auch. Das Schiff war gesunken, und zwar im Fahrwasser. Nun musste geborgen werden, und alles auf Papas Rechnung. Der Taucher bekam täglich 40 M[ark]. Was kann ein Mann pro Tag schaffen! Da Reis geladen war, musste ungesäumt gelöscht werden, denn wenn so große Mengen Reis aufquellen, erfolgt unter Wasser eine Explosion. Der Reis wurde später für einen Spottpreis auf dem Markt verkauft, zum Teil an Bierfabriken. Papa ließ auch die sogenannten

Strandräuber vom anderen Ufer der Elbe kommen. Das ist eine wegen Diebstahls arg berüchtigte Gesellschaft, Leute, die waghalsig sind und unter Wasser mit offenen Augen schwimmen können und auch ziemlich lange tauchen. Natürlich arbeiten sie auch viel für eigene Rechnung; es kam hier aber mehr darauf an, schnell zu räumen, als dass Papa wieder in den Besitz der Sachen kam. Dann musste das Schiff gehoben werden (erst nach langen Mühen gelang es), und es wurde elbaufwärts geschleppt. Später wurde es als Wrack verkauft und hat unter anderem Besitzer noch manche Fahrt gemacht. Der Prozess, den unser Vater gegen den Engländer anstrengte, wurde in Leipzig in dritter Instanz auch verloren; Papa hatte als Advokat den als tüchtig bekannten Dr. Antoine Pfeil, die Gegenpartei den in Seefahrtsachen noch viel erfahreneren Dr. Friedrich Sieveking, den späteren Präsidenten des Oberlandesgerichts.

Die Reederei ging nun allmählich ein, und was Papa sonst noch unternahm, will ich an anderer Stelle erzählen und nun erst den Bericht des Privatlebens wieder aufnehmen.

7. Die erste Ehe (1863): Therese Zimmer, Tochter Laura

Die Geschwister hatten sich also eine Häuslichkeit am Alstertor eingerichtet. Der häusliche Verkehr bestand aus der nahen Verwandtschaft mütterlicher Seite. Onkel Berend Goos und Frau, deren Bruder Isaac Goos, Koolmanns, Tante Linnich etc. Mehr gesellschaftlicher Art war der Verkehr mit den Roosen'schen Vettern [Eduard, Gustav und Rudolph], verheiratet und unverheiratet. In dem steten Zusammenleben wurde es unserem Vater, der von Natur ruhig und still war, schwer, sich der Herrschsucht seiner Schwester [Wilhelmine] zu fügen, die ihm oft gewiss praktische Ratschläge gab, sich aber auch gerne in seine Angelegenheiten mischte; alles mit der größten Liebe, aber diese Liebe wurde unserem Vater oft zu viel; sie wollte ihm alles sein, und Papa in seiner zurückhaltenden Art hatte nicht das Bedürfnis, fortwährend Fürsorge und Liebe von seiner Schwester zu empfangen.

Papa hatte auch noch anderen gesellschaftlichen Verkehr, ich erinnere, von dem alten Herrn Sloman gehört zu haben. Beide Geschwister aber waren gern gesehene Gäste bei dem alten Hermann Julius de Voss. Dort lernte Papa seine erste Frau kennen.

Der alte H.J. de Voss [1804–1892] hatte zur Gesellschaft seiner jüngsten Tochter Therese Zimmer [1846–1866, Abb. 5] angenommen, deren Vater kürzlich verstorben war, wodurch er seine zahlreiche Familie nebst Bankrott der Güte seiner Mitmenschen hinterlassen hatte. Es fanden sich auch in kurzer Zeit für fast alle Töchter liebevolle Pflegeeltern. Nur die Älteste, Sara, musste, da sie 18 Jahre alt war, auf eigenen Füßen stehen; sie ging als Erzieherin nach England. Die Witwe Zimmer nahm die Stelle einer Hausdame bei Herrn Heerlein an, wo sie aber derart wirtschaftete, dass sie nach mehreren Jahren an die Luft gesetzt wurde.

Therese wurde mit Susanne de Voss [1845–1877], der späteren Frau Hübbe, erzogen. Sie soll wunderschön gewesen sein, und unser Vater verliebte sich in sie. Als ein gutes Omen erinnerte er sich eines sehr günstigen Ausspruchs seiner verstorbenen Mutter über Therese Zimmer und fasste diese Bemerkung als eine gute Vorbedeutung für seine Neigung auf. Er verlobte sich mit ihr, als sie achtzehn Jahre alt war.

Nun gab Tante Mine den sehr praktischen Rat, dass das junge Paar noch ein Jahr mit der Heirat warten sollte und dass Therese, die sehr zart war, während dieses Jahres aufs Land ginge, teils ihrer Gesundheit wegen, teils um noch etwas den Hausstand zu erlernen, da sie sehr kindlich und unpraktisch war. Davon wollte aber die Mutter Zimmer nichts wissen. Alle anderen Töchter bis auf Sara hatten in dem Alter geheiratet, Papa wäre vermögend, was brauchte ihre Tochter sich um den Haushalt zu kümmern! Papa, obgleich er die Richtigkeit des Wartens eingesehen hatte, ließ sich doch auch schnell wieder vom Gegenteil überzeugen, was ja sehr begreiflich war. Von dem Moment an waren aber Madame Zimmer und Tante Mine Feindinnen.

Die Hochzeit wurde nun schnell vorbereitet, eine Etage auf dem Holzdamm gemietet und Ende 1863 geheiratet.

Die junge Frau muss recht kindlich und unerfahren gewesen sein, war auch wohl recht verzogen. Von ihrem Hausstand verstand sie gar nichts, und sie kam oft in Not zu ihrer Schwägerin, trotzdem sie etwas Furcht vor deren scharfem Blick hatte.

Abb. 5 Therese und Berend Roosen um 1864

Tante Mine wohnte jetzt mit Johanna Linnich, unserer späteren Mutter, auf dem Glockengießerwall 4; einige Jahre später zog sie nach Nr. 6, da die andere Wohnung nach Papas Fortgang zu groß geworden war. Therese kam dann gelaufen, „Bitte, Wilhelmine, sag dem Mädchen dies und das, ich kann es nicht." Die kam dann immer sehr bereitwillig, ordnete und half, aber ihre Augen sahen dabei manches, was sie lieber nicht gesehen hätten.

Eines Tages war wieder große Not. Therese kommt mit angstvollen Augen: „Wilhelmine, mein Mädchen will mein grünes Kleid zu ihrem Kränzchen anziehen. Berend fand mich neulich so hübsch darin, und nun will sie es auch anziehen. Ich mag es ihr nicht sagen, bitte, sag du's." – „Nein, Therese, das kann ich nicht, das musst du selbst sagen." – „Aber dann komm wenigstens mit und stell dich hinter den Vorhang, ich habe solche Angst." Nun verabredeten die beiden ganz genau, was gesagt werden sollte, und es ging denn auch ganz glatt. Das Mädchen gab sich zufrieden.

Papa hatte zu der Zeit ein Dog-cart, in dem er und seine Frau viel spazieren fuhren. Ein ganz junger Kutscher, namens John, hatte dies Gespann zu besorgen, und außerdem eine Vogelhecke, die der jungen Frau viel Freude bereitete.

Am 18. Oktober 1864 wurde ein äußerst zartes, schwächliches Kind geboren [Laura], und da sich bei der jungen Mutter Neigung zur Schwindsucht zeigte, durfte sie nicht nähren. Das Kind bekam eine Amme, aber die Mutter erkrankte trotzdem.

Nach sechs Wochen fuhr Papa mit seiner jungen Frau zum ersten Mal aus. Es war scharfer Wind, und als Papa sich einmal etwas plötzlich aus dem Wagen bog, um dem Kutscher etwas zu sagen, erschrak sie heftig, weil sie glaubte, Papa fiele. Dabei verspürte sie einen scharfen Luftzug und fing von dem Tage an zu husten.

Trotzdem Papa alle möglichen Heilmittel versuchte, wurde der Husten immer schlimmer. Hier hat nun Tante Mine ihm wieder treu beigestanden. Die junge Mutter konnte das Kind nicht schreien hören. Da bat Papa, ob Tante Mine das Kind zu sich nehmen wollte. Sie tat es bereitwilligst, obgleich sie eine große Last auf sich nahm: ein äußerst zartes Kind und eine entsetzlich anspruchsvolle Amme.

24

Im Hausstand bei Papa ging nun seit der Krankheit der jungen Frau alles drüber und drunter, und da gerade die Schwiegermutter von Herrn Heerlein auf die Straße gesetzt war und Papa für ihr Unterkommen hätte sorgen müssen – die anderen Schwiegersöhne erklärten, sie seien nicht in der Lage, etwas zu tun –, hielt Papa es für das Richtigste, die Schwiegermutter ins Haus zu nehmen.

Tante Mine riet ab, aber umsonst. Madame Zimmer kam, und Papa war glücklich.

„Es geht wundervoll!", sagte er zu seiner Schwester. Kaum waren acht Tage vorbei, da änderte sich die Sache. Statt zu helfen, wollte die Schwiegermutter bedient werden; sie lag auf der Chaiselongue und klingelte um jedes Glas Wasser, so dass die Mädchen den Dienst kündigten: Sie wären nicht dazu da, die Alte auch noch zu bedienen! – Alles musste Papa selbst besorgen; die Kranke umbetten, wenn die Pflegerin nicht zur Hand war, und Tausend kleine Sachen tun, die eine Frau so leicht besorgen kann, die aber nicht Männersache sind.

Schließlich meinte der Arzt, [Bad] Soden würde gut tun. Ein Extrawagen auf der Eisenbahn wurde genommen, und was man zur Erleichterung haben konnte, wurde verschafft. Aber alles umsonst. Von Soden kam sie nicht besser wieder. Da ging im Hause die Hölle los. Madame Zimmer fing an, ihre Tochter unzufrieden zu machen. „Was, du hast nicht einmal seidene Steppdecken?" und so fort. Bis die Kranke die eigene Mutter nicht mehr sehen konnte.

Da kam Papa schweren Herzens zu seiner Schwester und bat sie, die Kranke und ihn aufzunehmen, es könne nicht mehr lange dauern, der Arzt gäbe nur noch vier Wochen, und im Hause ginge es nicht länger so. Sofort war Tante Mine bereit. Sie bewohnte ein Parterre, ließ ihre ganze Wohnung anders einrichten, die Kranke bekam ihre gute Pflege und alles, was sie wünschte. Aus den vier Wochen wurden aber achtzehn Monate. Sie wurde aufgezehrt, bis auch nicht eine Faser Fleisch mehr am Körper war. Sie hatte trotz der kranken Lungen einen kräftigen Körper und war noch so jung. Sie soll immer schöne Farben gehabt haben und, wie alle Schwindsüchtigen, nicht an den Ernst ihrer Krankheit geglaubt haben. Nur vierzehn Tage vor ihrem Tod ließ sie sich einen Spiegel geben. Da erschrak sie und wusste, dass sie nicht besser werden konnte.

Ihr Kind mochte sie nicht sehen, noch weniger sein Geschrei hören. Das kleine Baby musste in das entlegenste Zimmer gebracht werden.

Unsere Mutter [Johanna Linnich, Abb. 6] hat die Kranke mit rührender Liebe gepflegt, ihr bei ihrer letzten kleinen Handarbeit für ihren Mann geholfen, und die Kranke hat ihre heitere, liebenswürdige Art mehr geliebt als die tatkräftige Schwägerin. Es muss sehr hart für letztere gewesen sein, dass ihr nicht dieselbe Liebe entgegengebracht wurde, die sie für andere empfand.

Einmal ließ sie am Krankenbett eine Schere fallen, was Therese derart erregte, dass sie ihre Schwägerin tagelang nicht sehen wollte. Unsere Mutter musste sie dann wieder aussöhnen.

Endlich, endlich besiegte der Tod ihre Jugend, und sie starb nach dreijähriger Ehe in ihrem zweiundzwanzigsten Lebensjahr.

Das kleine Mädchen, Laura, nach der Großmutter genannt, blieb äußerst zart und kam trotz sorgfältigster Pflege nur langsam vorwärts. Mit vier Jahren bekam sie Keuchhusten, in dessen Folge sich der Keim zu ihrem Lungenleiden entwickelte. Sie soll als Kind nicht hübsch gewesen sein und sah auch, als sie eben erwachsen war, recht unvorteilhaft aus; große, helle Augen und eine hohe Stirn, aus der die Haare nach damaliger Mode stramm zurückgekämmt wurden [Abb. 7]. Als sie mit achtzehn Jahren ihre erste Lungenentzündung bekam, blühte sie auf und wurde eines der lieblichsten Mädchen, die ich gesehen [Abb. 8].

Ihr Leben wurde ein entsagungsvolles; dabei war sie immer heiter und liebenswürdig. Sie lebte im Kreis der anderen ihr Leben für sich, musste meistens zurückbleiben, wenn wir uns amüsierten. Sie hatte zum Glück sehr viele geistige Fähigkeiten und Interessen, und diesen trugen die Eltern Rechnung, solange die Mittel vorhanden waren. Sie war sehr musikalisch und hat lange Jahre hindurch sehr guten Klavierunterricht, auch Violinbegleitungsstunden gehabt.

8. Zweite Ehe (1870): Johanna Linnich, Kinder, Häuser

Der Hausstand unseres Vaters wurde aufgelöst, vieles verkauft, anderes gelagert, und Papa zog nun ganz zu seiner Schwester. Etwa zwei Jahre blieb er da, lebte wieder auf, besuchte Geselligkeiten usw., und wieder wurde ihm die große Liebe seiner Schwester drückend, die er nicht abweisen konnte, da sie schon so viel für ihn getan. Deshalb verheiratete er sich früher, als es vielleicht sonst seine Absicht war, mit unserer Mutter. Die Verlobung dauerte nur kurze Zeit, weil der komplette Hausstand vorhanden war. Die Hochzeit wurde im kleinen Kreise am 27. Februar 1870 gefeiert, da Großmutter [Christine] Linnich erst vor kurzem gestorben war, und die Eltern bezogen eine Etage am Schweinemarkt. Laura kam natürlich mit und lernte „Mama" sagen, die sie bisher nur „Hanna" genannt hatte.

Tante Mine war also wieder vereinsamt; es ist ihr sehr schwer geworden, das Kind wieder herzugeben, das sie mit größter Sorgfalt im zartesten Alter gepflegt und gehütet hatte. Laura ist auch immer das liebste ihrer Geschwisterkinder gewesen, obgleich sie auch uns von Herzen lieb hatte.

Mamas jüngste Schwester, Bertha [Linnich], stand nun ebenfalls allein, da alle anderen Geschwister verheiratet waren; sie hatte nicht genügend Mittel, allein zu leben. Aus diesem Grund baten unsere Mutter und ihr Bruder Hermann die Schwägerin, Tante Bertha bei sich aufzunehmen; sie blieb dann bei ihr, bis Tante Mine im Jahre 1899 starb [s. Stammbaum im Anhang].

Als ältestes Kind wurde ich, Agnes, den Eltern im Jahre 1871 geboren. Ich muss, als ich klein war, wenn ich meine Mutter auch durch mein ewiges Weinen oft bis zur Raserei brachte, ihr doch auch Freude bereitet haben, denn das einzige Bild, das gut von ihr wurde, ist, wo sie mich als Baby auf dem Arme hat; es war wohl der Widerschein ihres ersten Mutterglücks; die späteren Sorgen haben sie dann früh altern lassen.

Im Februar 1873, bei eisiger Winterkälte, kam der Sohn zur Welt, ein gesunder, dicker Junge, so recht das Bild der Behaglichkeit. Die Wohnung wurde nun zu klein, und im Herbst sollte umgezogen werden.

E. Bieber
K. HOF-PHOTOGRAPH
HAMBURG
NEUER JUNGFERNSTIEG 20.

Abb. 6 Johanna Roosen, geb. Linnich (um 1880)

Im Sommer wollte Mama einige Wochen mit Laura und mir in Glücksburg zubringen, wo auch Onkel Berend Goos [1815–1885], der Maler, mit seiner Familie und Tante Mine, wie wir uns den langen

Namen gerne abkürzten, sowie auch Tante Bertha waren; allein, es litt mich nicht da, ich schrie unaufhörlich, ich wolle zu meinem „Babu": Berend war mit seiner Kinderfrau zurückgeblieben, so dass Mutter sich genötigt sah, mit mir wieder nach Hause zu reisen, damit die anderen nicht in ihren Sommerfreuden gestört wurden. Kaum war ich in Hamburg angekommen, verlangte ich wieder zurück nach dem schönen, kühlen Wald, aber das gab es nicht. Nun musste ich da bleiben und die Früchte meines Eigensinns genießen, denn es wäre weit schöner gewesen, die warme Sommerszeit in Glücksburg zu genießen als in der Stadt.

Gleich nach dem Krieg 1870 trat nicht allein für Preußen ein gewaltiger Umschwung ein, auch Hamburg vergrößerte sich und blühte rapide auf. Viele alte Häuser wurden heruntergerissen – auch das sogenannte Gängeviertel, wo die Straßen so eng waren, dass kaum eine Kommode durch getragen werden konnte –, und große, schöne Etagenhäuser wurden gebaut. Wer es konnte, sicherte sich damals Grundstücke, in der Hoffnung auf späteren Gewinn. Die Hauptfrage war, wo der Verkehr sich hinziehen würde, denn die Omnibusse mussten mit der Zeit durch Pferdebahnen ersetzt werden, und wo die Gleise laufen würden, musste sich notwendigerweise auch der Hauptverkehr hinziehen. Das Ankaufen der Bauplätze war reine Spekulation, da alles noch im Unklaren war.

Nun traf Papa eines Tages Madame Cölln, eine alte Klavierlehrerin; im Verlaufe der Unterhaltung sagte sie: „In der Amelungstraße sind Plätze zu verkaufen, das wäre etwas für Sie, Herr Roosen, die sollten Sie sich nur kaufen." Papa hielt diese Bemerkung für einen Schicksalswink und kaufte die linke Seite der Amelungstraße, rechnend, dass sich der Bahnverkehr durch die Dammtorstraße über die Hohen Bleichen, Heuberg bis hinter die Börse hinziehen würde. Die Gerhofstraße war sehr eng, außerdem war nur eine Sackgasse, genannt der Hemdsärmel, da. Papa ging zu Onkel Rudolf Roosen, der damals in der Finanzdeputation war; der aber versagte seine Befürwortuug, und andere Herren kannte Papa nicht genügend, da er sehr zurückgezogen lebte.

Es hat sich später alles um- und anders gestaltet. Die Herren, die zu bestimmen hatten, hatten Interesse für andere Straßen. Was praktischer gewesen wäre, lässt sich jetzt schwer sagen. Es hat große Schwierigkeiten gemacht, die Bahnen in die schmale Gerhofstraße zu legen, die kein doppeltes Gleis haben konnte, und später musste der Schienenstrang sogar geteilt werden. Durch diese Verkehrslage verlor Papas Grundstück, das er an und für sich teuer gekauft hatte, sofort an Wert.

Dazu kam, dass nach kaum begonnener Arbeit die Arbeiter streikten, das Bauunternehmen stillstand und nach Wiederaufnahme der Arbeit die Löhne erheblich erhöht wurden. Papa ließ das Eckhaus für sich als Stadtwohnung bauen; die anderen wurden Etagenhäuser. Der allgemein übliche nüchterne Baustil sagte Papa nicht zu, er war ideal veranlagt und wünschte wohl einfach, aber schön zu bauen. Er ließ von Hallier hohe Zimmer, große Fenster mit gotischen Bogen bauen. Onkel Isaac Goos nannte die Häuser „Kirchenbauten"; dunkle oder halbdunkle Zimmer wurden vermieden; das alles verteuerte aber den Bau erheblich.

Im Herbst 1873 sollten wir das Eckhaus Hohe Bleichen 12 beziehen, es wurde aber, wie gesagt, nicht fertig, und die Eltern wohnten den Winter über im *Hotel du Nord* am Jungfernstieg. Im Sommer zogen wir nach Övelgönne. Damit erfüllte Papa einen Lieblingswunsch von Mama, die schon von Kindheit an eine große Liebhaberei für Övelgönne gehabt hatte. Auch wir haben von dort eine schöne, vielleicht die schönste Erinnerung an unsere Kinderzeit – ich sage „wir", das bin eigentlich nur ich; Laura lebt nicht mehr, Berend hat alles vergessen in des Lebens wechselvollem Spiel, und Käthe kann mit dem besten Willen nichts erinnern, denn als sie ein halbes Jahr alt war, zogen wir fort, um nicht wieder hinauszuziehen, Dann war es endlich so weit, dass wir das Stadthaus beziehen konnten. Vorher ist aber noch ein Malheur zu verzeichnen.

Das Haus war also fertig; es war alles gemalt, und Papa bewohnte schon seit einiger Zeit das Kontor im Entresol. Papa geht am Sonnabend fort, hinaus nach Övelgönne. Am Montag betritt er sein Kontor und bleibt entsetzt stehen. Wie ein nasses Badelaken im Bogen hängt die Decke herunter, alles schwimmt in Wasser. Bestürzt läuft Papa hinauf, und aus der Wohnung läuft ihm das Wasser schon auf der Treppe entgegen. Es hatte sich Folgendes zugetragen: Die Maler hatten am Sonnabend den letzten Strich getan und die Wohnung verschlossen. Sie hatten aber vergessen, den Wasserhahn in einem Waschapparat zuzumachen, nachdem sie ihre Toilette beendet. Dieses Zimmer befand sich nun gerade über Papas Kontor, und das Wasser war nun seit anderthalb Tagen in fortwährendem Fließen respektive Aufweichen begriffen. Es war natürlich keine Kleinigkeit, den Schaden wieder gutzumachen. Ein ähnliches Malheur, wenn auch nicht so schlimm, ereignete sich, kurz nachdem wir in das Haus eingezogen waren. Es zeigten sich große Wasserflecken an der Saaldecke. Die Untersuchung ergab, dass die Handwerker einen Nagel in ein Wasserrohr geschlagen hatten. Als er anfing zu rosten, wurde das Rohr undicht.

Wie schon gesagt, glückliche, sehr glückliche Sommer verlebten wir in Övelgönne. Wir hatten ein ganz kleines Lotsenhäuschen mit Vorgarten, der zum Strand führte. Das Schönste aber waren die zwei Boote; das kleine, *Kadreier* genannt – eine kleine, flache, viereckige Schute –, brachte uns an die *Johanna*, ein nettes Familienruderboot, das wir oft an schönen Abenden benutzten; Mutter am Steuer, Papa rudernd. Wenn wir drüben am anderen Ufer waren, durften Berend und ich rudern. Wir waren stolz auf unsere Kunst; wie groß aber unsere Leistungen waren, ist mir nicht mehr erinnerlich, sicher erheblich kleiner, als wir es uns vorstellten. Ich erinnere mich noch manchen schönen Abends, wenn wir in den Prielen lagen. Das Wiesenland am anderen Ufer der Elbe war damals durchzogen von kleinen Wasserstraßen – heute ist alles verändert. Auf den Weiden grasten Kühe, und wir stiegen dann auch wohl mal aus, um Milch zu trinken. Das Gras war so hoch, dass wir Kinder fast darin versanken, und die Flora war weit reicher und schöner an Farben als anderswo. Wir haben dort so recht den ländlichen Abendfrieden genossen. Die Elbe war auch lange nicht so belebt wie jetzt, und wir waren absolut nicht ängstlich hinüberzurudern. An solchen Abenden vergaß Papa seine Sorgen und war vergnügt mit uns.

Abb. 7 Agnes (1871–1923), Käthe (1877–1942), Laura (1864–1888)
und Berend (1873–1945) Roosen [um 1880]

Im Frühjahr 1877 zogen wir zum letzten Mal hinaus, am 1. Mai. Es soll sehr kalt gewesen sein. Dicke Eiszapfen hingen am Morgen des 3. Mai an den Bäumen, und die Fenster waren zugefroren. Trotz all des kalten Schreckens war bei uns eine kleine Maililie erblüht. Wir wurden ermahnt, sehr leise zu sein, wir hätten ein kleines Schwesterchen bekommen. Wenn wir ganz artig wären, dürften wir sie sehen. Wir gingen auf den Zehen hinauf; im Wagen bei Mutters Bett lag ein winzig kleines Wesen mit Knospenmund und dunklen Locken; es machte seine dunklen Augen groß auf und war mäuschenstill. Das Schwesterchen führte sich gleich sehr freundlich bei uns ein und brachte jedem etwas mit, mir eine Tracht mit Eimern, Berend eine Peitsche, und für das Kindermädchen war ein Beutel mit Geld da, es werden einige Thaler gewesen sein.

Mit diesem jüngsten Familienmitglied wurde das Häuschen zu eng, und wir blieben von nun ab auch im Sommer in der Stadt. Von Zeit zu Zeit merkten wir, dass die Stimmung im Hause ernster wurde. Ehe Käthe zur Welt kam, es war die Zeit des großen Schiffsunglücks, saß Mama oft sehr kummervoll an ihrem Nähtisch, und zu Ostern fiel zum ersten Mal das Ostereiersuchen aus – d.h. das Suchen nicht, denn Berend und ich grasten alle Winkel und Ecken ab, aber wir fanden nichts. Wir bekamen dann freilich jeder einen Zuckerhahn, den wir aber nicht sehr schön fanden. Vielleicht hatte Mama den erst holen lassen, als sie unsere Enttäuschung sah. Später ist noch mancher Luxus so nach und nach aufgegeben, im Ganzen haben wir Kinder aber wenig davon gemerkt.

Wenn ich an unsere Stadtwohnung denke, sehe ich immer über dem Türeingang die runden Fenster in Halbbogenform im Entresol von Papas Kontor, ihn selbst aber am Fenster sitzend vor seinem Schreibtisch und mir zuwinkend, wenn er mich sah, aber oft so traurig und kummervoll. Er saß ja auch dort inmitten seiner Sorgen. Papa hat nichts gewagt aus Lust an spekulativen Unternehmungen. Er wollte nur für seine Kinder eine gesicherte Zukunft haben und für sie die Verluste wieder einbringen. Er selbst war grenzenlos bescheiden geworden, hatte sich eine Liebhaberei und Freude nach der anderen abgewöhnt. Papa glaubte immer, dass er früh sterben würde, und hat oft gesagt; „Ich werde nicht alt", und wenn dann Mama sagte: „Berend, das kannst du gar nicht wissen", sagte er immer: „Mein Vater wurde auch nicht alt, der starb mit 65 Jahren, und ich werde nicht so alt".

Aus dieser Vorahnung heraus entsprang auch wohl die große, fast leidenschaftliche Liebe für sein jüngstes Kind. Die Eltern hatten sich eigentlich einen Sohn gewünscht, aber nun wurde das kleine dunkellockige Wesen des Vaters ganze Freude. Sie bekam den Namen unserer Tante, Catharina Wilhelmine, die aber gleich zur Bedingung machte, den Namen etwas zu verschönern: Sie wurde dann Käthe genannt.

Im Herbst 1877 kam ich zur Schule, zwei Jahre später Berend. Das war ein Ereignis! Mit Betttüchern wurde ihm nachgewinkt, Papa brachte ihn hin zu Herrn Thomsen, der damals eine kleine Vorschule auf der Hohen Bleichen hatte. Berend kam triefend von Erzählungen wieder: „… und da kam der große Rudolf und nahm mich auf den Rücken, und dann spielten wir Pferd".

9. Einschränkungen, Dampfschiffe (1881)

1881 gab Papa die Stadtwohnung auf, aus verschiedenen Gründen. Erstens wuchs der Stadtverkehr; es war nachts laut auf der Straße, da sich viele Wirtschaften in der Nähe angesiedelt hatten. Papas Nerven waren von den ewigen Sorgen sehr herunter. Außerdem hoffte Papa, etwas mehr Gewinn zu erzielen, wenn unser Haus als Etagenhaus umgebaut wurde und wir selbst ein kleines Mietshaus bezögen. Wir zogen dann nach dem Schlump hinaus. Was das hieß, von einem großen, schönen Haus mit unendlich vielen Nebenräumen in ein ganz kleines, enges Häuschen zu ziehen, davon hatten wir Kinder keine Ahnung. Wir fanden am Schlump ebenso gut unser Futter wie an den Bleichen; wir hatten dafür einen Garten, und von der Mühe merkten wir nichts. Das Hauptverdienst bei dem Umzug hatten Mama und Tante Mine. Was nicht ins Haus hineinging, brachte die letztere bei sich unter. Ein Schrank z.B. war nicht auseinanderzunehmen, und auf der schmalen Treppe saßen die Leute mit ihm fest. Es war unmöglich, ihn hinaufzubekommen, und da das Haus keine Gummiwände hatte, musste der Schrank rückwärts wieder hinausgetragen werden. Verschiedene Sachen wurden bei anderen untergebracht. Als Papa am

Abend kam, war sein Erstaunen groß. Er hatte es nicht für möglich gehalten, alles schon so nett eingerichtet vorzufinden. Auf dieses Lob ist Mama sehr stolz gewesen, denn Papa lobte selten; sie hatte es aber auch voll verdient.

Der Hausstand konnte in diesem verkleinerten Betriebe viel einfacher geführt werden. Es wurde nur ein Mädchen gehalten und ein „junges Mädchen". Dabei die vier Kinder; es gab viel Arbeit für Mutter. Wir wohnten da vom Frühling 1880 bis Frühling 1886. Das Erste, was ich vom Schlump erinnere, ist Käthes dritter Geburtstag. Sie stand mit großen Augen vor ihrem kleinen Tisch mit Spielsachen, als Papa mit einem Paket kam, das sie selbst aufknüpfen musste. Es war sein eingerahmtes Brustbild drin, mit seiner Unterschrift auf der Rückseite, damit niemand ihr das Bild streitig machen konnte [s. Frontispiz].

Überhaupt war es rührend, was der Vater sich ausdachte, die Kleine zu erfreuen. Er muss so tief gefühlt haben, dass er nicht alt würde, und wollte sich dem Kind fest ins Gedächtnis einprägen. Wenn er nach Hause kam, brachte er ihr oft etwas aus der Stadt mit, kleine Nippsachen, bald dies, bald jenes. Sie wartete dann schon auf ihn, und dann gingen die beiden fort, um Gras für die Hühner zu schneiden oder sonst irgend etwas zu holen. Am Garten hatte Papa viel Freude und Beschäftigung; er zog sehr hübsche Rosen. Auch für die Hühner hatte er großes Interesse und vermehrte jährlich den Bestand durch gute Exemplare.

An jedem Morgen nahm Papa Käthe ein kleines Stück Weges mit, bis zu der ersten Ecke, wo sie dann, von ihm mit den Augen verfolgt, wieder umkehren musste. Eines Morgens schallte der Ruf durchs Haus: „Wo ist Käthe? Sie ist nirgends zu finden!" Alles wurde abgesucht, vergebens. Telefon gab es nicht. Mama glaubte anfangs, Papa habe sie mit zur Stadt genommen. Alle waren ratlos; schließlich wurde Elisabeth, das Kinderfräulein, ausgeschickt, die Straße abzusuchen.

Ein paar Häuser weiter hört sie im Garten in einer Laube freundliche Gespräche von alten Damen, unterbrochen von einer bekannten Kinderstimme. Käthe hatte sich einsam gefühlt und Gesellschaft gesucht. Der Schrecken, den unsere Mutter damals empfunden hatte, zitterte noch tagelang in unserem Familienkreis nach. Dabei sagte sie dann, noch größer als ihre eigene Angst sei die Furcht gewesen, wie Papa den Verlust des Kindes ertragen hätte.

Seit einigen Jahren war Papa im Aufsichtsrat der *Kosmos-Linie* und, wie uns früher die Besichtigung der Segelschiffe interessierte, so war es auch jetzt ein großes Vergnügen für uns, die weit schöneren und eleganteren Dampfschiffe zu besehen.

Der Hafen war damals ganz anders als heute, für den Laien viel schöner, denn man hatte von den *Vorsetzen* bis zu den St. Pauli-Landungsbrücken aus die ganzen Schiffe reihenweise vor sich liegen. Sie wurden herein geschleppt und legten sich an den für sie bestimmten Duckdalben vor Anker; gelöscht wurde durch Frachtkähne an den Seiten. In langen Reihen, hin und wieder für die Passage unterbrochen, lagen die Schiffe zu zweien nebeneinander. Die Passagiere nahmen am Hafen eine Jolle, und mit großer Geschwindigkeit fuhren die Jollen-Führer ihre leichten Fahrzeuge, die nur mit einem Ruder von hinten angetrieben wurden, durch die gelbliche Flut. Wie klein und winzig war solch ein Boot, wenn es an den großen Schiffen entlang fuhr, und es war herrlich, wenn die Fahrt etwas länger dauerte. Man konnte am Hafen von bummelnden Seeleuten jede Auskunft bekommen. Sie wussten, wo die betreffenden Schiffe lagen, und man ging dann zu der nächstgelegenen Jollenführerstelle.

Wir Kinder besahen dann alles von oben bis unten, legten uns in die Kajütenbetten usw. Die Segelschiffe, die nur Frachten beförderten, waren sehr einfach eingerichtet; hin und wieder wurde mal ein Passagier mitgenommen, aber selten; es fuhr auch wohl mal die Frau eines Kapitäns mit. Die *Kosmos*-Schiffe waren teils für Passagiere, teils für Frachten, und gingen nach der Westküste hinauf bis Lima. Die *Kosmos*- wie auch die Segelschiffe grüßten, wenn sie an Övelgönne vorbeikamen, und wir standen dann am Ufer und winkten.

10. Familienausflüge und Papa-Geschichten

Unsere beiden Eltern fanden keinen Geschmack an Touren, doch wurden sie durch die marschlustigen Tanten bisweilen hierzu überredet. Wo aber Lust und Liebe zu einer Sache fehlen, fällt sie gewöhnlich nicht gut aus. Wir entschlossen uns also eines Tages, eine Tour zu machen – wir, das waren die Eltern, die beiden Tanten, Laura, das Kinderfräulein, ich, Berend, zwei Jahre alt, und seine Kinderfrau. Wohin es ging, weiß ich nicht mehr, aber ich sehe uns noch, ein langer Zug, hintereinander auf Landwegen ziehen. Plötzlich ging der Weg auf normale Weise nicht weiter, wir mussten über eine Wiese, auf der Kühe grasten. Die Sache wurde überlegt. „Ein Bulle ist dabei", hieß es, „na, wir wollen es wagen, Kinder, ganz langsam, dass er uns nicht sieht, dicht an der Hecke entlang." Es ging anfangs ganz gut, da hatte aber der Bulle Wind gekriegt und wollte wissen, was da los war. Erst taten wir so, als ob wir ihn nicht bemerkten, als es aber brenzlig wurde, ging die lange dürre Kinderfrau ihm beherzt entgegen, um zu wissen, was er eigentlich wollte. Ihr Anblick wirkte besänftigend; vielleicht dachte er bei sich, dass seine Hörner für diese alten Knochen zu schade wären; jedenfalls trollte er sich wieder von dannen, und wir hatten mittlerweile das Ende der Gefahrenzone erreicht.

Eine andere Tour, nach Friedrichsruh, verlief ungünstig, weil wir uns im Wald verliefen, und von nun an streikte Papa bei solchen Unternehmungen.

Nur einmal noch gelang es Tante Mine, unseren Vater zu einem Ausflug zu bereden. Es war mehrere Jahre später, ich mag vierzehn Jahre alt gewesen sein, die Peute war das Ziel. Onkel Isaac Goos hatte diesen idyllisch gelegenen Ort oft lobend erwähnt. Es wurde verabredet, dass Tante Mine, Mutter und ich bei trockenem Wetter zu einer bestimmten Zeit in St. Annen auf der Dampfschiffsbrücke auf Papa warten sollten, der nach der Börse dorthin kommen wollte; man musste von da über die Elbe hinüber fahren.

Tante Mine hatte schon bei uns gefrühstückt, und wir beobachteten mit Schrecken, dass sich der Himmel bewölkte, und zur Zeit, als wir fort gehen wollten, goss es in Strömen; es war schon herbstlich wechselndes Wetter, weshalb wir auch nur dann fahren wollten, wenn wir sicher waren, nicht durchnässt zu werden. Wir überlegten, dass es ganz unmöglich sei, dass wir bei dem Regen die Tour machen könnten. Später klärte es sich auf, aber da war es zu spät.

Wir warteten nun, dass Papa zu Hause ankommen sollte, aber Vater kam nicht. Eine Stunde nach der anderen verging. Endlich ging die Haustür, und der gute Vater erschien, aber so böse, dass er gar nicht sprach. Wir fühlten uns schuldig und warfen uns vor, wir hätten auf alle Fälle an der Brücke sein müssen. Mutter und ich versuchten nun auf alle Weise, den Vater zu versöhnen. Er wurde in ein Zimmer geführt und ihm, so schnell es ging, sein Mittagsmahl vorgesetzt. Wir sahen von Zeit zu Zeit durch die Tür, ob die Unmutswolken von seiner Stirne wichen. Es dauerte auch nicht lange, da bekamen wir wieder freundliche Blicke. Nun konnte Mutter fragen: „Berend, bist du denn allein auf der Peute gewesen?" – „Ihr wart ja nicht da." – „Es regnete aber doch!" – „I wo, keinen Tropfen" – „Doch, um zwei Uhr herum goss es in Strömen." – „Da war ich in der Börse."

Wie sich später herausstellte, war es ein Strichregen gewesen, der die innere Stadt nur wenig berührt hatte.

„Hast du denn wenigstens Kaffee getrunken?" – „Wie werd' ich! Ich habe euch doch überall gesucht." – „War es denn nicht wunderhübsch auf der Peute?" – „Ich hab mich gar nicht umgesehen." Von da an verschonten wir unseren Vater mit Tourengelüsten.

In späteren Jahren lud Tante Mine uns und die übrigen Familien, Goos, Linnich, wenn sie in Hamburg waren, zu sehr schönen Touren nach Reinbek ein, deren Hauptzweck ein schönes Mittagessen war.

In der Roosen'schen Familie fand ein steter regelmäßiger Familienverkehr statt. Im Winter wurden wir in den verschiedenen Häusern zu den Festen oder auch sonst in der Stadt eingeladen, im Sommer auf die Besitzungen an der Elbe. Da war an erster Stelle das Eduard Roosen'sche Haus, in dem wir herrliche Sommertage verlebten.

Solche Einladungen nahm Papa auch gerne an. Wir fuhren dann von der Sternschanze, einem kleinen ländlichen Bahnhof gegenüber den Schröderstift-Anlagen, ab. Papa war immer präzis fertig, aus dem Hause zu gehen, Käthe wurde für ihn bereitgehalten, und die beiden gingen wie gewöhnlich Hand in Hand fort, sich des Öfteren nach der übrigen Familie umsehend. Ich kam bald nach, und wir drei gingen den Schlump entlang, durch die Anlagen. Von Mutter war noch keine Spur zu sehen. Wir sahen nach der Uhr, der Zug musste bald kommen.

Jetzt fand sich von ungefähr Berend ein, der sich ungern auf der Straße im Kreise seiner Familie zeigte. Endlich, wir glaubten schon das Schlimmste, nämlich den Zug verpassen zu müssen, tauchte am Horizont ein schwarzer Punkt auf, der sich im Galopp näherte – und keuchend kam die gute Mutter an, die immer noch bis zum letzten Augenblick im Haus beschäftigt war.

In den Jahren, als wir am Schlump wohnten, hatte ich von der Schule einen weiten Weg. Ich wurde bisweilen beobachtet und, die Eltern wurden benachrichtigt, dass ich mich mit Vorliebe an den Rinnsteinen entlang schlängelte, auch wohl bisweilen bummelte. Zur „Strafe", hieß es, musste ich mit Papa nach Hause gehen. Eine wirkliche Strafe war es hingegen, wenn ich eine Stunde länger in der Schule bleiben und arbeiten musste, aber die Heimwege mit dem Vater waren mir sehr lieb. Er verstand so recht, sich das ganze Vertrauen seiner Kinder zu erwerben, nahm alles ernst, ging auf alles ein. Dabei sprach er viel von der Zukunft, was er für uns wünschte, und fing an, in mir Verständnis für Menschen und Charaktere zu erwecken. Ich war für manches damals noch zu jung und verstand seine Ansichten nicht.

Einmal nahm er mich mit ans Kontor, zeigte mir die Mechanik des Geldschranks. Auf dem Nachhauseweg fragte ich: „Papa, hast du viel Geld?" – „Ich habe gar nichts, mein Kind." – „Aber du hast doch einen Geldschrank, da muss doch was drin sein?" – „Es ist gar nichts drin, mein Kind – *gar nichts*."

Das klang so trübe und traurig, ich sah ihn mir an. Derselbe kummervolle Ausdruck war in seiner Haltung, die große Gestalt gebeugt, der Kopf zur Erde gesenkt. Er machte den Eindruck eines traurigen, einsamen Menschen. Wenn er sich unbeobachtet glaubte, sprach er lebhaft mit sich selbst, und seine Hände gestikulierten fortwährend. Papa zog sich nach und nach von allem fremden Verkehr zurück, nur der Familienverkehr sagte ihm noch zu.

Tante Mine sagte einmal zu uns: „Seht euren Vater an, wie gut er aussieht!" Er hatte eine prachtvolle Figur, schöne Hände, lange, schmale Füße, einen leisen, leichten Gang. In Gesellschaftstoilette, im Frack mit den Brillanthemdenknöpfen, sah er elegant aus. Nun musste er auch an seinem Äußeren sparen und kaufte sich bisweilen Anzüge, die nicht sehr hübsch waren.

Unser Vater hatte vielerlei Interessen; er war Mitglied des Kunstvereins und besuchte gerne die Gemäldeausstellungen; er sowie Tante Mine haben ihren Geschmack im Ankauf von wertvollen Ölgemälden bewiesen. Einen Glücksfall muss ich auch erwähnen. Papa gewann bei Gelegenheit einer Verlosung ein großes, schönes Ölgemälde des belgischen Malers Burnier; dieses sowie der Melbye sind in Berends Besitz.

Papa hatte keinen reichen Bücherschatz. Die literarische Anregung hat ihm wohl gefehlt. Aber unter seinen nachgelassenen Büchern fanden sich manche naturwissenschaftlichen Inhalts, weshalb ich annehmen kann, dass er sich eingehend damit beschäftigt hat. Auch hatte er Begabung für fremde Sprachen; ich erinnere, dass er spanischen Unterricht nahm, als er schon über vierzig war.

Am bedeutendsten war seine musikalische Begabung. Papa hatte guten Unterricht gehabt. Er spielte Klavier, sang, aber die Hauptsache war sein Geigenspiel. Er hatte ein schönes Instrument und konnte manchen Sonntagmorgen stundenlang üben. Sein Zusammenspiel mit Laura machte ihm und anderen viel Freude.

11. Laura erkrankt, Berend wird Kadett

In die Jahre am Schlump fielen zwei Krankheiten von Laura. Die erste Lungenentzündung bekam sie mit achtzehn Jahren, sie war recht krank, doch dank der treuen Pflege unserer Mutter und ihres sonst kräftigen Körpers erholte sie sich wieder. Nur hustete sie oft zum Erbarmen. Eine oft wiederholte Frage nach ihrem Befinden war; „Wie steht es mit den Hüften?" Worauf geantwortet wurde: „Ganz normal". Darauf nannte Papa sie „unser Normalhüfter". Sie musste viel zu Hause bleiben und im Zimmer sitzen, wenn wir im Garten spielen konnten. Tante Mine dachte sich unermüdlich Beschäftigungen für sie aus; Nähen sagte ihr nicht zu, Handarbeiten hasste sie, das einzige, was sie gern arbeitete, war *filet-guipure*-Arbeit. Sie bekam Unterricht im Blumenmachen und hat wunderhübsche Rosen mit großer Liebe und Geschmack verfertigt. Kurz vor ihrem Tod lernte sie noch Knetarbeit, die damals aufkam.

Wenn ich an ihre fleißigen Hände denke, darf ich nicht vergessen, dass sie unermüdlich unsere Strümpfe stopfte, eine Arbeit, die sie zwar nicht gerne tat, bei der sie aber am besten ihren eigenen Gedanken nachhängen konnte. Wie sie mir selbst erzählt hat, dachte sie meist auf Englisch. Sie wusste für manches den englischen Ausdruck schneller zu finden als den deutschen; sie schrieb mir auch lieber englisch als deutsch. Das lag ihr noch von ihrer Großmutter her im Blut, die eine Engländerin gewesen war.

Abb. 8 Laura Roosen (um 1884)

Berends Erziehung lag den Eltern sehr am Herzen. Es war beider inständiger Wunsch, dass aus dem Sohn etwas Tüchtiges werden sollte. Als Grundbedingung hierfür dachten sie ihm eine gute Schulbildung zu geben. In der Vorschule bei Herrn Thomsen war er gut mitgekommen und kam dann aufs Wilhelm-Gymnasium. Hier wollte es aber nicht recht gehen, sei es, dass ihm die alten Sprachen und Mathematik schwer wurden, sei es, dass er selbst es für unnötig hielt, sich innerlich zu bereichern.

In einer Gesellschaft wurde Mutter geraten, ihn in eine Kadettenanstalt zu geben, dort würde für eine gute Erziehung gesorgt. Das leuchtete den Eltern ein, und Mutter setzte sich nun mit dem Hauptmann von Oertzen und seiner Frau, deren Sohn Achill mit Berend befreundet war, in Verbindung; sie wohnten ganz in unserer Nähe. Aus dieser Anknüpfung ist später zwischen den beiden Müttern eine große Freundschaft entstanden, und sie vertrauten sich gegenseitig ihre Freuden und Sorgen an.

Von Oertzens rieten sehr zu diesem Schritt und gaben die nötigen Winke. Papa setzte ein Gesuch an die zuständige Behörde auf, ans Kriegsministerium. Es wurde glatt abgeschlagen, unter dem Vorwand, dass die mennonitische Religion ein Hindernis wäre.

Nun blieb nur ein Weg, zu dem der Hauptmann von Oertzen riet, ein Immediatgesuch an den alten Kaiser einzureichen. Die Zeit war günstig, der greise Herr weilte gerade in Gastein und sollte dort für manches Bittgesuch empfänglich sein. „Schreiben Sie aus Ihrem Mutterherzen heraus und empfehlen Sie Ihre Sorgen dem gütigen Landesvater."

So schrieb Mutter denn und legte eine gut gelungene Photographie bei. Der Brief wurde für gut befunden und nur noch mit der richtigen Anrede versehen. Er ging ab, und nach vier Wochen waren die Eltern im Besitz der Antwort von Berlin aus, dass das Gesuch genehmigt sei, unter der Bedingung, dass der Junge evangelisch getauft würde. Das taten die Eltern. Berend bekam einigen Unterricht bei Pastor Weymann und wurde von ihm getauft.

Die Aufnahme ins Kadettenkorps sollte kommende Ostern stattfinden. Berend wurde sofort aus dem Gymnasium genommen und erhielt den Winter über sehr guten Privatunterricht, der mit einer Prüfung endete; ich sehe uns noch vor der Tür am Schlüsselloch horchend und die Mutter sich erregend, wenn die Antworten gar zu lange auf sich warten ließen.

Abb. 9 Kadett Berend Roosen (um 1886)

Ostern 1886 brachte Papa ihn nach Bensberg, von wo aus ein Telegramm das überraschend gut bestandene Examen meldete. Zur selben
Zeit zogen wir vom Schlump nach der Klosterallee, in eine schöne,
große Etage.

12. Papas letzte Reise (1886–1887)

Papas Gesundheit war leider in den letzten Jahren recht schlecht gewesen und machte unserer Mutter viel Sorge. Er litt an einem Darmleiden, das Dr. Waitz aber als solches nicht genügend erkannte und seinen Zustand mehr auf Nervenüberreizung schob. Etwas musste geschehen. In jeder Hinsicht war unsere Mutter unermüdlich bereit zu helfen und dem Vater die Wege zu ebnen. Einen schweren Gang hatte sie zu den Vettern gemacht, mit der Bitte, unseren Vater für einen Posten irgendwelcher Art zu empfehlen. Die schlugen es ab. Außer den Häusern hatte Papa keine Einnahmen, und diese reichten nicht hin. Das Amt in der *Kosmos-Linie* brachte nichts ein. Papa hatte gehofft, einmal Direktor zu werden, vorläufig war aber Dir. Staude noch im Amt. Er starb ein Jahr nach unserem Vater.

Nun hatte Mutter den Gedanken, es müsse dem Vater gut sein, wenn er eine Reise nach Südamerika machte, wo er in seiner Jugend so gerne gewesen war. In Valparaiso waren viele Hamburger, so auch ihr Bruder Nicolaus, vielleicht ließen sich da auch neue Verbindungen anknüpfen. Die Reise mit dem *Kosmos*-Dampfer hatte Papa frei.

Um den Winter nicht in Hamburg zu verbringen, ging Papa noch kurz vor Weihnachten fort – am 21. Dezember 1886. Es war ein bitterkalter Tag. Wir fuhren alle mit zum Hafen. An den St. Pauli-Landungsbrücken wollten wir Papa vorbeifahren sehen und ihm zum Abschied zuwinken. Papa fuhr an Bord, und wir warteten. Der Vice aus den Häusern, Kloppenburg, fand sich auch ein. Als das Schiff nicht kam, erkundigten wir uns nach dem Grund der Verspätung und hörten, dass der *Totmes* eine kleine Havarie gehabt hätte; er würde wohl anderthalb Stunden später abfahren. Laura und Käthe wurden wieder nach Hause geschickt. Mutter und ich tranken zur Erwärmung eine Tasse Kaffee im St. Pauli-Fährhaus, das früher ganz klein war und in der Mitte auf dem Platz stand, daher aber die Hafenaussicht nicht beeinträchtigte. Wir gingen wieder auf die Straße. Kloppenburg sagte: „Da hinten kommt es!" Wir sahen zwischen den andern Schiffsmasten die *Kosmos*-Flagge, eine Weltkugel im blauen Feld, sich langsam weiterbewegen. Das Fahrwasser wurde freier vor uns, und allmählich tauchte der *Totmes* zwischen den anderen Schiffen auf. Es war wegen der Kälte kein Mensch an Deck, nur ein einsamer, ernster Mann stand da am Hinterteil des Schiffes und sah uns unverwandt an. Wie ein Blitz durchfuhr mich da der Gedanke: „Sieh hin, sieh hin, du siehst ihn nicht wieder." Ich sah und starrte, bis sich das Schiff in der Unklarheit des Wintermorgens verlor und anderes dazwischen trat. Es ist mir das alles noch wie gestern, so deutlich sehe ich es vor mir. Und doch ist es schon über 30 Jahre her.

Ich habe mich hinterher so über meinen Gedanken erschrocken, dass ich niemand davon sagen konnte, habe aber auch nie geglaubt, dass es wahr werden würde.

Am Abend kam Berend auf Weihnachtsurlaub. Wir verbrachten das Fest und die Wochen nachher in stetem Gedenken, wo unser Vater wohl sein könne. Er hatte alles genau aufgeschrieben, alle Couverts mit seiner Adresse versehen und die Abgangsdaten für die Briefe notiert.

Die ganze Familie Roosen und viele Freunde nahmen sich in diesem Winter rührend unserer Mutter an, um ihr über die schwere Zeit hinwegzuhelfen, besonders Tante Emmy. Ich hatte in diesem Winter Taufunterricht, da ich Ostern mit Max Goos zusammen getauft werden sollte; ich ging nachher noch ein Jahr zur Schule.

Am 11. Mai sollten wir unsern Vater zurückerwarten. Am 11. April lief bei der *Kosmos-Linie* ein wegen des Sturmes undeutliches Telegramm ein, das Onkel Eduard uns überbrachte. Unser Vater sei schwer erkrankt auf der Insel Flores, einer Quarantänestation vor Montevideo, abgesetzt; auf eine telegraphische Anfrage unsererseits kam keine andere Antwort. Am 14. April lief früh eine Depesche ein, unser Vater sei an der Ruhr verschieden.

Das war die Reise, von der die Eltern alles erhofft hatten, Das Nähere erfuhren wir aus seinen Briefen, die nach und nach ankamen. Papa war in die Choleragegend bis nach Lima hinauf gefahren, hatte auch trotz Warnungen Obst gegessen. Schon in Valparaiso fühlte er sich krank und hatte nur den einen Wunsch, die eine Sehnsucht: nach Hause. Und wenn er dann sterben müsste, nur nicht unterwegs, sondern zu Hause. Papa war erst im zweiundfünfzigsten Lebensjahre. Furchtbar ist mir, dass wir in der ersten Zeit kein Bewusstsein hatten, was es für uns bedeutete, dass unser Vater nie wiederkehren würde. Wir hatten nichts vom Sterben erlebt, es war nichts Greifbares für uns, woran wir den Verlust merken konnten. Dann hieß es, wir müssten Trauer anlegen. Wie oft habe ich gedacht: Es ist gewiss nur ein Irrtum, es kann nicht sein, und wenn Papa nun kommt und wir tragen schwarze Kleider, was sollen wir da sagen.

Abb. 10 Catharina (Käthe) Roosen (um 1886)

Am meisten von uns hatte wohl Käthe verloren, da sie noch so jung war, doch hat von dem Moment an, da unser Vater nicht wieder heimkehrte, die Mutter ihre ganze Liebe und Nachsicht der Kleinen zugewandt. Vorher hatte sie sie, um aus erzieherischen Gründen ein Gleichgewicht herzustellen, mit besonderer Strenge behandelt.

13. Tante Mine springt ein (1887–1899)

Wieder war es Tante Mine, die unermüdlich den weiten Weg vom Glockengießerwall machte, um zu helfen und zu trösten.

Auch sie hatte sich im Laufe der Jahre manchen Luxus abgewöhnt, um uns beistehen zu können. Sie war von der ersten Etage in die dritte gezogen, hatte ein Mädchen abgeschafft und auch sonst ihre Ausgaben nach Möglichkeit eingeschränkt.

In dieser Zeit traf Mutter und Tante Mine noch ein anderer Kummer. Tante Mariens Mann, Onkel Hermann Linnich, wurde rückenmarkkrank, musste in eine Anstalt gegeben werden und starb daselbst im Sommer 1888.

Ich kam zur Erlernung des Hausstandes nach Iller, in die Nähe von Flensburg. Brieflich hörte ich, dass Laura sehr leidend war, furchtbar unter Husten litt und im November zum dritten Mal an einer Lungenentzündung erkrankt war. Sie erholte sich dieses Mal nicht wieder und starb nach schwerem Todeskampf am 11. Dezember 1888.

Mutter hat sie in allen drei Krankheiten treu gepflegt, war Tag und Nacht bereit, ihre Leiden zu vermindern, und Laura hat es dankbar anerkannt. In ihren letzten Jahren war sie unserer Mutter eine wirkliche Stütze bei unserer Erziehung; so jung und leidend sie war, hatte sie einen großen Einfluss auf uns; besonders Berend wusste sie anzuspornen und zu ermahnen. Und Laura war stolz auf dies Vertrauen, das Mama ihr schenkte.

Im Frühjahr 1889 wurde Berend in Bensberg konfirmiert. Eigentlich hatte Laura mitreisen sollen, nun aber wurde ich mitgenommen, Es war eine reizende Reise, die Tante Mine mit Mutter und mir im März unternahm, nur etwas kalt. Unterwegs machte sich die rheumatische Anlage Tante Mines zum ersten Mal hindernd für sie bemerkbar.

Nach der Konfirmation kam Berend nach Groß Lichterfelde, auf die Kadettenanstalt.

Im Jahr 1890 bezogen wir in Tante Mines Nähe auf der Sechslingspforte eine kleinere, aber nette zweite Etage. Berend kam als Offizier nach Metz ins 145. Infanterie-Regiment, das später den Namen „Königs-Regiment" trug. Er kam jedes Jahr auf Urlaub nach Hause, und dann hatten wir meist eine schöne und fröhliche Zeit.

Die Jahre, die nun folgten, verliefen für uns gleichmäßig. Wir wussten, dass Tante Mine viel für uns tat, und erfüllten nur unsere Pflicht, wenn wir uns nach ihren Wünschen richteten.

Anfangs ging es auch ganz gut, als Tante Mine noch ausgehen konnte. Später wurde dieser starke Geist durch die körperlichen Leiden zermürbt und geistig so abhängig wie körperlich. Es waren schwere Jahre für unsere Mutter, die auch ich bitter empfunden habe.

Am 3. Mai 1899 starb unsere liebe Tante an den Folgen einer Influenza im Alter von 66 Jahren. Käthe war den Winter über bei Ohlerts gewesen und kam am nächsten Tage an.

Nun erfuhren wir nach und nach, in welch großherziger Weise Tante Mine all die Jahre für uns gesorgt hatte. Zur Zeit, als unser Vater schwere Verluste hatte und seiner Kinder Zukunft seine ganze Seele bedrückte – man dachte über Frauenberufe damals ganz anders –, setzte sie ein Testament auf und bestimmte die Kinder ihres Bruders zu Erben ihres Kapitals, die Eltern zur Nutznießung der Zinsen. Es mag ihr sehr schwer geworden sein, ihre Schwester auszuschließen, sie tat es auch nur, weil Linnichs nach Herrnhut verzogen waren und sich überhaupt weniger um sie kümmerten. Sie hatte aber den Mut, ihre Schwester von ihrer Absicht zu unterrichten. Später, als die beiden Nichten sich verheiratet hatten, machte sie eine Änderung und vermachte ihnen etwa den vierten Teil ihres Vermögens.

Seit Jahren aber, ohne dass wir es genau wussten, hatte sie uns schon ganz unterhalten; wir lebten natürlich so einfach wir konnten, waren aber immerhin eine vierköpfige Familie. Wir waren so grenzenlos unerfahren in Geldsachen aufgewachsen, wie ich es noch heute gar nicht begreifen kann. Als ich einundzwanzig Jahre alt war, ging Onkel Eduard mit mir auf die Vormundschaftsbehörde; dort las ich ein

Schriftstück, in dem von unserm Vermögen als von 25.000 M gesprochen wurde. Ich fand es ganz viel, ohne mir klar zu machen, dass wir dieses Kapital in etwas mehr als zwei Jahren verzehrt haben würden, wenn keine andern Einnahmen hinzukamen. Als ich ein anderes Mal von einer ernsten Unterredung hörte, die Onkel Eduard mit Tante Mine gehabt hatte, hielt ich es, als die Älteste, für meine Pflicht anzufragen, wie unsere Zukunft wäre und ob ich einen Beruf ergreifen müsse. „Für Eure Zukunft ist gesorgt", sagte Onkel Eduard, und damit beruhigte ich mich in dem Glauben, dass unser Vater irgendwelche Bestimmungen getroffen hätte.

Und nun schließe ich diese Aufzeichnungen. Ich hätte noch manches hinzufügen können, aber das hat für Euch, meine lieben Neffen, weniger Interesse; auch sollten diese Blätter insbesondere den Verstorbenen gewidmet sein. Mein Ideal wäre es gewesen, Euch eine Tante zu sein wie es uns die Verstorbene war.

Nehmt, was daran fehlt, hin in dem Glauben, dass der gute Wille dazu die Unzulänglichkeiten ersetzen muss.

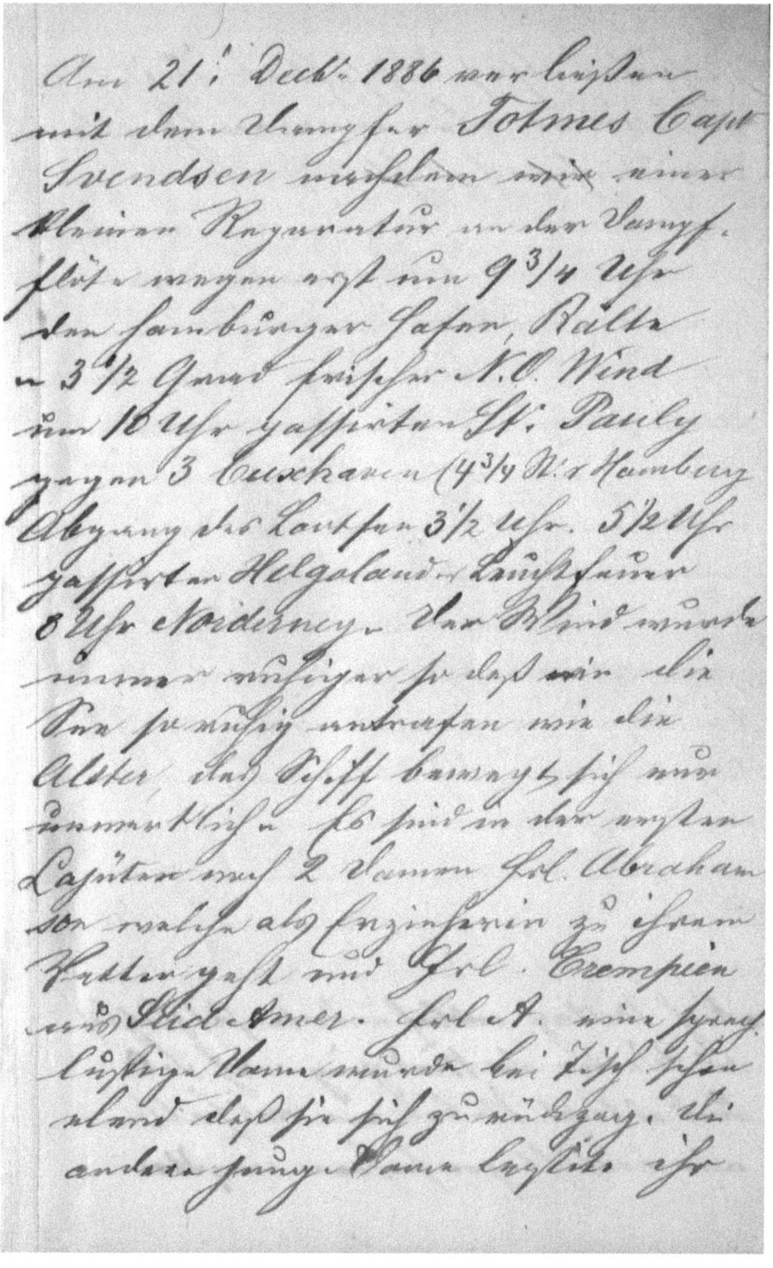

Am 21. Decbr. 1886 war ich mit dem Dampfer "Johnes" Capt. Svendsen wechselten wir einer kleiner Reparatur an der Dampf- flöte wegen erst um 9¾ Uhr den Hamburger Hafen. Kälte – 3½ Grad frischer N.O. Wind um 10 Uhr passirten St. Pauli gegen 3 Cuxhaven (4¾ v. Hamburg Abgang des Lootsen 3½ Uhr. 5½ Uhr passirt Helgoland – Leuchtfeuer 8 Uhr Norderney. Der Wind wurde immer wütiger so dass wir die ... zu unterst mit die Alster, das Schiff bewegte sich nur erbärmlich. Es gab in der ersten Cajüte nur 2 Damen Frl. Abraham- son welche als Ingenieurin zu ihrem Vater geht und Frl. Crempien aus Süd-Amer. Frl. A. eine sehr lustige Dame wurde bei sich schon erst dass sie sich zu nützen. Die andere junge Dame legte ihr

Abb. 11 Berend Roosens Reisetagebuch, erste Seite

Teil II: Berend Roosen – Tagebuch Chile-Reise (1886–1887)

[Der folgende, weitgehend in Telegrammstil verfasste Text wurde ohne wesentliche Korrekturen transkribiert. Die Mengen- und Wertangaben mit unklaren Abkürzungen wurden nicht evaluiert.]

1. Über den Atlantik: Von Hamburg zur Magellanstraße

Am **21. Dez.** 1886 verließen mit dem Dampfer *Totmes* [*Kosmos-Linie*], Kapitän Svendsen, einer kleinen Reparatur wegen erst um 9¾ Uhr den Hamburger Hafen. Kälte ca. 3½°, frischer NO-Wind. Um 10 Uhr passierten St. Pauli, gegen 3 Uhr Cuxhaven, 4¾ Hamburg [Feuerschiff]. Abgang des Lotsen 3½ Uhr. 5½ Uhr passierten Helgoländer Leuchtfeuer, 8 Uhr Norderney.

Der Wind wurde immer ruhiger, so dass wir die See so ruhig antrafen wie die Alster, das Schiff bewegte sich nur unmerklich.

Es sind in der ersten Kajüte auch 2 Damen, Frl. Abrahamson, welche als Erzieherin zu ihrem Vetter geht, und Frl. Crempien aus Südamerika. Frl. A., eine sprechlustige Dame, wurde bei Tisch schon so elend, dass sie sich zurückzog. Die andere junge Dame leistete ihr später Gesellschaft, ob aus Mitleid oder inneren Gründen, weiß ich nicht. Außerdem 2 Herren, 1 Herr Silvester, ehemaliger Müller aus Chile, geht hinüber, um seines verstorbenen Bruders Familie Geschäftssachen in Ordnung zu machen, der andere Herr heißt Desau/ Hamburg, geht auf 1 Jahr nach Lima.

22. Dez. Wind frisch Süd/SW. Machen 11 Meilen, Schiff geht sehr ruhig durchs Wasser. Kälte früh -4°, um 9 Uhr +4°, schöner Sonnenschein.

Die 2 jungen Damen zeigen sich auf Deck. Gegen 10 Uhr trat zunehmend Nebel ein, so dass wir vorsichtig fahren mussten. Ein Dampfer kam von der holländischen Küste und passierte vor uns gegen NW. Es ist an Deck frisch und windig, Kälte 0°.

Nach Mittag änderte sich plötzlich das Wetter, der Wind ging auf S, und es trat Nebel ein, weshalb wir vorsichtig fahren mussten. Wir kamen daher erst um 8½ Uhr abends in Vlissingen zu Anker, der Seelotse ging von Bord und nahm meinen Brief mit, der Revierlotse übernahm das Kommando, d.h. wir blieben bis morgen liegen. Das Deck war voll Schnee.

23. Dez. Das Wetter hat sich wieder geändert, wir haben Westwind, warme Luft. Die Ufer sind niedrig und öde. Wärme +5° um ½ 5 morgens. Gingen von Vlissingen aufwärts und kamen um 10 Uhr in Antwerpen an den Quai. Das Wetter war sehr schlecht, der Regen klatschte herunter auf Deck.

Die Quaimauer, an der Südseite der Schelde gelegen, ist von ganz bedeutender Länge. Der Anblick der Stadt ist vom Wasser aus nicht schön, eher ähnlich wie in Hamburg, wenn auch in kleinerem Maßstabe, Häuser niedergerissen, um für die Quai-Anlagen Platz zu machen. Nachdem das Schiff festgemacht, kamen auch bereits Kohlenwagen vorgefahren, doch fingen die Leute erst nachmittags mit Einnehmen derselben an, da das Schiff bei Hochwasser zu hoch lag.

Ich ging inzwischen an Land, um zu versuchen, einen Blick in die Stadt zu tun. Die Straßen lagen voll Menschenmassen, der Regen strömte von oben, es gesellte sich ein Jüngling zu mir, der mich unbedingt zur Post bringen wollte, doch da er mir sagte, dass heute freies Entrée im *Museum Rubens* sei, beschloss ich, dasselbe anzusehen. Dieses besteht, wenn ich nicht irre, aus 5-6 hintereinander befindlichen sehr hohen Sälen, gefüllt mit Bildern von Rubens und manchen alten niederländischen Künstlern. Um diese Bilder aber recht würdigen zu können, bedarf es eines längeren Aufenthaltes.

Auf der Straße fielen mir der vergoldete Leichenwagen sowie die niedrigen Lastwagen mit den schwarzen Pferden auf. Um 1 Uhr kam ich wieder zurück. Der Regen ließ nachmittags nach. Wahrscheinlich durch die nassen Füße hervorgerufen, befand ich mich gegen Abend recht schlecht und verließ den warmen Ofen nicht.

24. Dez. Das Deck des Schiffes ist sehr schmutzig und voll Steinkohlen. Kälte +4 Grad. Morgens trocken, später Regen, Wind SW, nasskalt. Nach dem Frühstück machte noch einen Spaziergang durch die Stadt und besah die Kathedrale, die Häuser in den Straßen sind meistens nur 2 Stock oder auch ganz schmal mit 3 Stockwerken; des nasskalten Wetters wegen machte ich, dass ich bald wieder an Bord kam; inzwischen hatten die beiden Damen den Tannenbaum aufgeziert. Heute wird zur Feier des Tages um 5 Uhr gegessen.

Das Wasser am Quai ist bei Niedrigwasser noch 30 Fuß tief, die Flut steigt unter gewöhnlichen Verhältnissen wenigstens um 15 Fuß.

Das Essen zögerte sich bis um 7 Uhr hin, dafür bekamen wir noch extra Gänsebraten, Wein und abends Bowle; nach Tisch wurde der Tannenbaum angesteckt, und bei Orgelbegleitung wurde getanzt. Die 3 Passagiere der 2. Cajüte wurden eingeladen.

Am **25. Dez.** 1886 verließen um 11 Uhr Antwerpen. Wärme um 9 Uhr 3 Grad, nördlicher Wind, heiteres Wetter. Geladen, 650 t. Kohle, 490 M. / Passagierin u. 570 £ [s. einleitende Anmerkung]. Die Ufer sind eingedeicht und liegen auf der holländischen Seite niedriger als das Wasser. An der holländischen Grenze wurde, als das Zollboot kam, eine Flasche mit dem nötigen Papier über Bord geworfen, um dem Schiffe das Anlegen zu ersparen. Um 4 Uhr kamen wir nach Vlissingen, woselbst wir den Lotsen wechselten. Ich schickte einen Brief von Antwerpen an Wilh[elmine] und werde mit dem Lotsen nach Diner meinen Brief an Joh[anna] geben. Vom Mittagstisch verschwanden die beiden Damen.

Die Luft ist im ganzen wärmerer Temperatur, +6°. Nachdem einige Partien Schach gespielt hatten, ging ich um 11 Uhr an Deck, prächtiges Wetter, der Himmel dicht mit Sternen übersät, zu unserer Rechten die englische hohe Küste. Zuerst an Steuerbord das South Sand Head Blinkfeuer, dann die erleuchteten Plätze, Ramsgate etc., dann die beiden Feuer von Southforeland und vor uns das erleuchtete Dover. Um den Lotsen abzusetzen, liefen dicht unter Land; das Lotsenboot kam auf unsere Abbrennung eines bluelights von Southforelands um 11½ Uhr längsseits, wir nahmen dasselbe in Schlepptau, bis dicht vor Dover. Gerade um 12 Uhr ging der Lotse daselbst von Bord. Die erleuchteten Straßen gewährten einen schönen Anblick, jedoch bald verschwanden die Lichter, indem wir unseren Cours auf die NW-Ecke von Frankreich fortsetzten; französische Leuchtfeuer erschienen einzeln. Auf der Schelde passierte uns ein Passagierdampfer nach New York, sonst trafen nur vereinzelt Schiffe.

26. Dez. Witterung wärmer. Temperatur +9°, Wind SW, frisch, Barom. 30. Sahen in der Ferne einzelne Schiffe. Es trat bald steifer Regen ein, Wind und See wurden heftig, es fing das Schiff stark an zu rollen. Abends fing nach augenblicklicher Windstille der Wind plötzlich heftig aus NW an zu wehen, woher viel Spritzwasser oben über, das Schiff holt heftig über, alle meine Sachen lagen in der Kammer zerstört, bei Tisch waren Neb [s. 3. Jan..] und ich allein.

Den **27. Dez.** Heute Nacht mussten wir sturmeshalber 8 Stunden beidrehen, die Luft war so dick voll Wasser, dass, wie der Käpitän sagt, nichts zwischen war. Heute Morgen haben wir 8 Gr. warm, Wind frisch NW. Hoher Seegang, klare Luft, Sonnenschein, ein großer 4-Master segelte mit Marsram, wir holten Stagsegel bei, das Schiff holt noch kräftig über, aber nicht so ruckweise wie gestern, setzten Marssegel. Dist. 165, Lg. 5°5, W.B. 49° N, Kurs S 43 W bis Ush. 40 M, sahen Ushant [Ouessant, franz. Insel], einen großen u. 1 kleinen weißen Turm um 3 Uhr im SO.

28. Dez. Ruhige See, aber ziemliche Dünung, das Schiff rollt viel, Temperatur 11 Gr., Wind westlich, heiteres, klares Wetter, sahen einige Dampfer im Osten, Stagsegel bei. Gegen 10 Uhr brachte Neb die beiden Damen zur Ausfrischung auf Deck, auch war der junge D. wieder zum Frühstück, nachdem er die letzten Tage nicht aus seiner Kammer gekommen war, so dass Neb und ich allein bei Tisch waren, zuweilen vom Capt. u. 1. Offizier mit besetzt. O. 10½ M, Distanz 256 M., B. 45,22, Lg. 8,4 W.

29. Dez. Mittwoch. Schönes Wetter, leichter NO-Wind, hohe Dünung, Schiff rollt ziemlich. Haben alle Raasegel auf, Temperatur morgens 13°, Mittags 15°, gehe nur im Paletot, die beiden Damen sitzen den ganzen Tag auf Deck, Himmel meistens bedeckt. Br. 41°44., Lg. 11°38, Cours SW, Dist. 270 Meil.

30. Dez. Schönes Wetter, Wind Ost, ruhige See. Marssegel bei Thermometer 14½° Celsius, B. 37°38, Lg. 14°55, Dist. 272 M. Haben bis Madeira noch 328 M.

Frl. Abr. war wieder beim Frühstück; sie musste sich und Berlin gegen die vereinten Angriffe der 6 männl. Tischgenossen verteidigen. Gegen Abend wurde es kühl, das starke Rollen des Schiffes hat aufgehört, der Ofen wurde heute nicht mehr geheizt.

31. Dez. Wind flau östlich, See mäßig, Temperatur morgens 8 Uhr 15½°. Passierten einen engl. Mitdampfer, schöne warme Luft, Sonnenschein, konnte ohne Paletot auf Deck sitzen. Br. 33°55 N, Lg. 16°54 W, Dist. 262 Ml.

Um 1½ Uhr sahen geübte Seefahreraugen die Insel Madeira, gegen 3½ Uhr konnte ich ohne Glas die Insel am Horizont wie eine dunkle Wolke entdecken, um 4 gingen wir gemächlich zu Tisch, nach Tisch sahen dann die ganze Insel an Backbord wie folgt [Zeichnung]. Die hohe Spitze war von Wolken eingehüllt, nur die höchste Spitze sah über die Wolken etwas heraus, leider wurde es bald dunkel, und unsern Wunsch, durch Signale unsere Ankunft nach Hamburg reportiert zu sehen, mussten wir trotz Aufhissen von Flaggen und Zeigen von Blaufeuer als aussichtslos erkennen, gegen 6 Uhr passierten die Signalstation, soeben hatte sich an Steuerbord ein Dampfer gezeigt, und da der *Ibis* [*Kosmos-Linie*] zu erwarten war, zeigten wir unser Signal, welches alsdann auch richtig beantwortet wurde. 6¼ Uhr passierten sich die Schiffe.

Abends wurde auf Deck etwas getanzt, die Damen erschienen wieder regelmäßig beim Tische, der Capt. gab eine Bowle zum Besten, und suchten wir, nachdem das neue Jahr begrüßt war, unsere Betten auf. Die letzten Tage war es um 3 Uhr gewöhnlich frischer, abends ziemlich warm.

1. Jan. 1887. Windstill östlich, See sehr ruhig, Temp. morg. 20°, mitt. 22°, Breite 29.47, Lg. 18, Dist. 270 Meilen.

2. Jan. Unveränderliches schönes Wetter, leicht westl. Brise, Temp. 22°C., Br. 25°41, Lg. 20,54°, Dist. 269. Passierten einen *Lambert Holl.* Gegendampfer. Heute nahm 1 warmes Bad, leider verlor beim Auskleiden die kl. Perle i. d. Brustnadel.

Der Abend war sehr schön, aber etwas feucht, die tanzlustige Peruanerin ruhte nicht eher, bis wieder getanzt und georgelt wurde.

3. Jan. Frischer NO-Wind, Rah- und Stag-Segel bei. See etwas mehr bewegt. Von Zeit zu Zeit etwas Regen, Temperatur 20°C., 17½°R. in der Cajüte, Br. 21°29, Lg. 22°48, Dist. 273 M.

Die Namen der an Bord befindlichen Offiziere etc. sind:

Behlendorf: 1. Off., Hedemeyer: 2. Off., Agrell: 3. Off., John: Assist., Joh. Neb: 1. Masch., v. Beichmann: 2. Masch., J. te Kloot: 3. Masch.

4. Jan. Schönes warmes Wetter, ruhige See. Temp. 22°R., Caj. 20°. Um 8 Uhr begegnete uns der *Hamburg Süd Amerika*-Dampfer *Hamburg* (Signale), später ein *Lambert Holl*, Dampfer. Gegen 9 Uhr wurde die Insel St. Antonio [Kapverdische Insel, span.] sichtbar, allmählich tauchten nach und nach St. Vincent, Sta. Lucia und im Osten schwach St. Nicolaus auf; vor St. Vincent liegt eine kleine Insel, Bird-Insel genannt, auf welcher sich Leuchtturm und Signalstation befinden, im Übrigen sind die hohen Inseln kahl und öde; wir passierten zwischen Bird-Insel und St. Vincent, welcher Hafen nun erst in Sicht lag; die Masten der *Denderah* [I] (ein früherer auf Grund gerannter *Kosmos*-Dampfer) tauchten aus dem Wasser; außerdem lagen daselbst ein Deutsches Kriegsschiff und verschiedene Handelsdampfer.

Gerade 2 Uhr passierten die Signalstation. Br. 17°15, Lg. 24°51, Dist. 276 M. Erst abends verloren die Inseln aus Sicht.

5. Jan. Wind unverändert NO, See ziemlich ruhig, bedeckte Luft, verschiedene Scharen von fliegenden Fischen erhoben sich aus dem Wasser. Temperatur 25°C, um 9 Uhr stoppte die Maschine, damit letztere nachgesehen und die Kessel gereinigt werden konnten. Br. 13°9, Lg. 25°44, Dist. 252 M. Nach Tisch wechselten Signale mit Segelschiff *Lake Superior*.

6. Jan. Heute Morgen zuerst ein kaltes Bad von 21°R. Himmel bedeckt. Es fielen versch. Regentropfen. Temp. 25½°C., schwüle Luft. Später Brise alle Segel bei. Zum Frühstück gab es gebratene fliegende Fische. Br. 8°44, Lg. 26°27, Dist. 268 M. Passiert 1 Bark.

7. Jan. Bad, Temp 26½, Wind NO. Teilweise heftiger Regen, schwüle Luft. Br. 4°18, Lg. 27°8, Dist. 269 M.

8. Jan. Der Wind ist heute leicht aus SW, weshalb auf Deck eine sehr angenehme Temperatur herrschte. Temp. 27°, Br. 0°3, Lg. 28°19, Dist. 190 M.

Am 5. Jan. haben wir uns gewogen, ich wog 130 Pfund, der Capt. 195, Silvester 190 Pfund.

9. Jan. Gestern Abend starker Regen, warme Luft. Die Nacht schlief schlecht, da wegen Regen das Fenster schließen musste. B. 4°9, Lg. 30°12, Dist. 278 M., Temp. 27°. Frischer SO Wind, Temp. 21°R.

10. Jan. Wind frisch SO, heiter, Lufttemp. 27½°, Br. 8°46, Lg. 32°19, Dist. 267 M.

11. Jan. Heute kein Bad, Wetter sehr schön, Wind frisch östlich, Temp. 27°, vorgestern schlachteten den ersten Ochsen, auch wird das Schiff geölt und gemalt. Nachmittags Regen, Luft schwül, 23°R. Frl. Crempien beschäftigt sich mit Eier-Malen. Br. 12°11, Lg. 34°19, Dist. 275 M.

12. Jan. Temp. 27°, Wind schwach östlich, schwüle Luft, Regenböen, mittags 23°R.

13. Jan. nördl. Wind Temp. 27½°, Br. 20°35, Lg. 38.25, Dist. 282 M. Es wurde recht warm, später bis 26°R.

14. Jan. Gestern Nachmittag begegneten mehreren Schiffen, heute Morgen Temp. in der Kajüte 21° Réaumur, Br. 24°34, Lg. 41°4, Dist. 280 M. Wind NO frisch Rahsegel bei, Temp. 24°.

15. Jan. Temp. 17°R., Br. 28°22, Lg. 44°9, Dist. 290 M. Der Wind war erst frisch nördlich, dann ganz still und ging nach Süd, wir hatten schönes Meerleuchten.

16. Jan. Temp. 17°R. Wind leicht Süd. Passiert eine dicht uns entgegensegelnde ital. Bark und später 1 engl. Dampfer, westlich von Falkland kommend. Prachtvolles Wetter. Br. 31°53, Lg. 47°47, Dist. 264 M, Temp. 18½°. Pass. 1 Brigg, abends kühl auf Deck.

17. Jan. Kein Bad, prachtvolles Wetter, Wind nördlich Temp. 17°, Br. 35°38, Lg. 50°39, Dist. 280 M. Passierten den La Plata Strom [Argentinien], einige Schiffe segelten heraus. Temp. 18°R. Abends ziemlich kühl. Wind südlich.

18. Jan. frischer Nordwind, Temp. 16°, Br. 39°26, Lg. 54°16, Dist. 286 M. Kühl, Mitt. 14°.

19. Jan. Frischer, gegen Abend zunehmender SW, kalt, Temp. morgens 11°, mittags 10°, kein Bad, wärmeres Zeug, Schiff stampft abends ziemlich. Sahen 1 Walfisch. Br. 42°52, Lg. 57°44, Dist. 259 M.

20. Jan. Letzte Bucht starke See von vorne, heute wärmere Luft, Wind westlich, Temp. 11°, mittags 12°, hohe See v. vorne, von Ferne Albatross, Wind wurde ruhiger und ging gegen Abend nach Süd. Br. 45°38, Lg. 60°32, Dist. 205 M.

21. Jan. heute Nacht gegen 3 Uhr kam eine schwere Hagelböe, der Wind SW wurde wieder heftiger und die See höher, am Tage hoch und wild, das Schiff stampfte sehr, gegen Abend abnehmend. Temp. morg. 9°, Br. 48°7, Lg. 63°45, Dist. 198 M.

22. Jan. nach 5 Uhr morgens Wind zunehmend böeartig, hohe See abwechselnd, um 3½ Uhr gingen langsamer, um nicht zu früh vor der [Magellan-]Straße zu sein, Temp. 8°, B. 50°51, Lg. 66°43, Dist. 291.

2. Von Punta Arenas nach Valparaiso

23. Jan. Brief nach Hamburg. Von 2-3 gingen ganz langsam, um 3 Uhr wurde Land gesehen, um 4.22 passierten Cap St. Virgins [s. Abb. 12], 5½ ging ich auf Deck. Es war recht kalt, 7°, starker Westwind, zur Rechten sah man eine steile Felswand, in der Ferne zur Linken das Feuerland, um 5¾ Uhr passierten Dungeness, eine auf ein vorspringendes Vorland aufgestellte rote Baake, blauer Himmel, um 12 Uhr passierten Cap St. Vincent und um 3 Uhr ankerten vor Punta Arenas. Leider trafen wir daselbst den Dampfer *Denderah* [II, *Kosmos-Linie*], welcher Schadens an der Maschine wegen erst gestern eingekommen und auch Mangel an Kohle hatte, weshalb derselbe wohl erst morgen weiter gehen wird.

Nachdem wir zu Mittag gegessen, fuhren mit dem Hafencaptein an Land. Punta Arenas ist ein kleiner Ort von 150 Einwohnern, die Häuser sind nur Parterre mit Holz oder Zinkdächern (resp. Eisenblech), wir besuchten den Hafencaptein Jürgensen, den Agenten Wahlen u. Herrn Meidel, letzterer war sehr elegant eingerichtet, goldene Tapeten, vergoldete Stühle und ein für hiesige Begriffe schöner Garten, der aber die Eigentümlichkeit hatte, dass die Beete alle mit leeren Weinflaschen eingefasst waren, aber sonst nur sehr gewöhnliche Blumen zeigte; auch Frau Melendey machte einen Besuch, überall herrschte Gastfreundschaft. Besonderes Vergnügen hatten die Einwohner, auf ihren kleinen flinken Pferden durch die Straßen zu sprengen, im Übrigen machte der Ort mit seiner kleinen Kirche einen traurigen Eindruck.

Wir besahen noch das dort liegende Kanonenboot *Angamos*, an Bord dessen sich ein Offizier Maun befand, welcher mit Capt. Getje p. *Ocean* [III, Roosen-Dampfer?] gefahren war.

10¼ Uhr fuhren wieder ab. Bei unserer Ankunft lag noch außerdem ein französischer Dampfer Kohlen einnehmend neben dem Halte, dessen andere Seite von einem Segelschiffe eingenommen war; der Dampfer ging später nach Europa weiter; die beiden Damen sowie die 2 Pass. I. Classe waren noch bei Brauns im *Union Hotel*, woselbst ich sie abholte.

Abb. 12 Magellanstraße mit Route der *Totmes* (hin: weiß; zurück: rot)

24. Jan. Als ich um 5½ Uhr raussah, fuhren wir wie in einem Panorama an hohen teilweise mit Schnee bedeckten Bergen vorüber, letztere wurden immer höher und der Schnee häufiger, in den Schluchten und auf den Niederungen standen Waldungen, von Zeit zu Zeit stürzten Wasserfälle von den Bergen, die zerklüfteten Berge wurden im Hintergrunde von großen Gletschern begrenzt.

Gegen 7 Uhr kam ein Canou mit Patagoniern längs Seite, es waren ca. 6 Mann, 1 Kind und 1 Frau darin, letztere steuerte, dieselben wa-

60

ren halbnackt, aber nicht mager, wir stoppten, um etwas einzuhandeln, doch hatten dieselben nur ein Paar Pfeile, wogegen sie Brot und Streichhölzer erhielten; nach einiger Zeit kamen noch 2 Canoes angefahren, doch da wir soeben ein so schlechtes Resultat gehabt hatten, hielten nicht an, das Wetter, welches zuerst gut zu werden versprach, ging später in Sturm aus NW über mit heftigem Regen. Temp. 7½°.

Gegen 12 passierten Titania. Um 2 Uhr kamen an der Kreuzung zum Smyth Channel. Da der Wind aber orkanartig mit starkem Regen und schwerem Seegang zugenommen, beschloss der Capt., durch obigen Canal zu gehen, wir fuhren 4 Uhr in letzterem ein, geschützt durch die hohen Berge war das Wasser daselbst so ruhig wie auf der Alster bei Sturm, um 7 Uhr ankerten bei Long Island und waren froh, bei dem noch immer schweren Sturm im ruhigen Wasser zu liegen. Lufttemperatur wärmer.

25. Jan. Um 3½ Uhr gingen weiter, passierten die verschiedenen Engen, in der Guy-Enge treten die Felsen etwa 100 Fuß gegeneinander, leider kamen fortwährend Regenschauer, die Ufer waren an den geschützten Stellen stark bewaldet, unzählige Wasserfälle stürzten von den Bergen. Temp. 8°. Die Felsen an der Straße sind ca. 1.800 bis 2.000 Fuß hoch. Um 6 Uhr trafen beim Trinidat Canal ein und beschloss der Capt. nach längerem Überlegen hinauszugehen. Wind NW.

26. Jan. Um 12 Uhr schlugen unseren Kurs nach Nord ein, hatten aber ganzen Tag Gegenwind und Dünung von Westen, das Schiff rollte ziemlich. Temp. Morgens 9½, mittags 11 Grad, Br. 47°5, Lg. 76°3, Dist. 257. Um 5 Uhr passierten Tres Montes, unzählige Walfische spielten in der Bucht, eine Menge Seeotter sprangen aus der See und schossen im Bogen wieder hinein, viele Albatrosse verfolgten uns, einer stieß gegen den Mast und wurde gefangen, seine Länge betrug 9 Fuß 4 Zoll. Abends stampfte und rollte das Schiff so stark, dass ich auf Deck gehen musste.

27. Jan. Temp 12°, Br. 43°46, Lg. 76°, Dist. 260, N.Wind, vielfach Regen, See etwas ruhiger, 5 Uhr Insel Chiloe.

28. Jan. Schönes Wetter, Wind südlich, wir kamen der Küste immer näher, die Berge waren bewaldet. Temp. morg. 10°, später wärmer, 16°. Als wir uns dem von bewaldeten Hügeln eingeschlossenen Hafen von Corral [s. Abb. 13] näherten, wurde von den Forts erst blind und dann scharf geschossen, die Kugel flog dicht vorm Schiffe ins Wasser, wir kehrten sofort um und hielten. Der Hafencaptein kam längsseits und, nachdem er durch Flaggensignale sich über den Gesundheitszustand des Schiffes orientiert, kam an Bord, und fuhren jetzt in den Hafen um 12¾ Uhr.

Bald fuhren an Land, telegraphierte nach Valdivia und ging ich darauf mit den anderen Passagieren den Ort [Corral] zu besehen, leider war an den kleinen kümmerlichen Häusern nicht viel zu sehen, wir kletterten in großer Sonnenhitze den Berg durch Gestrüpp hinauf. Nachdem an Bord zurückgekommen, aßen um 4 Uhr; und kam dann der Agent Prochelles sowie sein Sohn mit 1 Lanche herunter. P. überredete mich, mit hinaufzufahren, um 6 Uhr fuhren mit dem Kleindampfer *Andamos* ab und trafen um 7½ in Valdivia ein. Valdivia liegt außerordentlich hübsch am Wasser, der Fluss ist selbst von Wald eingefasst; leider lässt sich dieses Holz fast gar nicht verwerten, da es zu üppig wächst. Der Ort Valdivia m. 6.000 Einwohnern ist durch bedeutende Gerbereien sowie durch die Brauerei *Anwandter* berühmt. Prochelles wohnt auf einer Insel, welche von Vald. durch einen Flußarm getrennt ist. Der Dampfer selbst legte erst neben der langen Mole von Vald. an und setzte uns dann gegenüber ab. Wir wurden von Frau P. und 2 Töchtern von 19 und 8 Jahren sehr liebenswürdig empfangen, und, nachdem wir in den elegant eingerichteten Räumen zu Abend gegessen und etwas conversiert, ging sehr müde zu Bett.

29. Jan. Stand 5½ Uhr auf, öffnete das Fenster und hatte bei dem herrlichen Wetter einen prachtvollen Überblick auf den Garten, den Fluss und das gegenüberliegende Ufer, bald ging auch hinunter, spazierte in den großen Garten, trank Café und ging, geführt von P., durch den großen üppigen Park, später besah die Gerberei und machte Besuch bei Anwandters [Enkel] Rich. und Otto, der alte A., 85 Jahre [Carlos Anwandter, 1801–1889], betreibt nur noch Gartenarbeit, bei der Rückkehr empfingen wir Fisher, Frau und Tochter, welche vom

Süden kamen; wir fuhren alsdann hinüber zur Stadt, deren Häuser mit Zink bedacht und meist von Zinkblechwänden bekleidet sind, besahen die große Botega und fuhren dann wieder hierher zu Tisch. Nach Tisch fuhren Fisher Fam. sowie Capt. Dunner von Valdivia per *Andamos* nach Corral.

Um 3½ Uhr daselbst gingen direkt an Bord des Dampfers *Valdivia* und fuhren um 4½ Uhr von Corral ab. Bei unserer Abfahrt sahen wir den Dampfer *Denderah* von Süden kommend. Der Dampfer *Valdivia* ist ein gutes, jedoch älteres Schiff, der Capt. ein Schotte von großer Liebenswürdigkeit, der Cholera wegen hatten nur wenige Passagiere.

30. Jan. Wetter sehr schön um 7 Uhr kamen nach Lebu [Abb. 13], die Orte sehen von der See ganz hübsch, aber sehr ähnlich aus. Hügel, meistens Felsen oder Sand mit hin und wieder etwas Gestrüpp und am Wasser die Fabriken und Etablissements, dahinter dann die niedrige Wohnung.

Um 9½ Uhr fuhren ab und erreichten Lota 2½ Uhr. Lota ist ein prachtvoller Hafen, da die große Insel Santa Maria ihn vor der See schützt. Wir fuhren bald an Land und besahen den mit großem Kostaufwand eingerichteten Park von Cousiño, dessen Beschreibung nicht möglich, leider war die Zeit zu kurz, der Grotten, künstlichen Laubengänge, Blumenparterres sind unzählige, die Wege auf das sauberste gehalten, das Schloss war noch nicht beendet, die Besitzerin, welche keinen guten moralischen Ruf besitzt, weilt augenblicklich in Paris, ihr Vermögen taxiert Fisher auf 10 Mill. $, doch hat sie außerordentlich große Finanzen aus den Kohlenbergwerken. In St. Jago [Santiago] besitzt sie einen Palast, darin in der Halle angebrachte Portieren $ 350/m gekostet haben. Im Park befinden sich lebende und künstliche Tiere, Springbrunnen, verschiedene Tempel, Wasservasen, Vasen mit Leuchtturm, die Rasen wurden alle bewässert. Lota ist durch seine Kohlenminen und Kupferschmelze berühmt.

Um 4 Uhr waren an Bord, und ging der Dampfer 4½ ab, um 5 Uhr ankerten vor Coronel, trafen dort den Dampfer *Hermia* [Reederei *Kirsten*, Schiff strandet am 1.3.1887, s. S. 78 und 82].

Der Anblick des Hafens bot nichts Besonderes, es lagen noch ein Kriegschiff und mehrere Segelschiffe dort, um 8 ¼ Uhr gingen wieder ab und erreichten in der Nacht Tomé.

Abb. 13 Südchile: von Valdivia bis Concepcion

31. Jan. Gegen 8 Uhr fuhren Fisher, Tochter und ich an Land, die Straßen [von Tomé] sind sehr regelmäßig angelegt, die Türen etc. vorzugsweise blau angestrichen, auf niedrigen, schmalen Ochsenkarren wird der Weizen/Gerst aus den Farmen gebracht und durchs Wasser in die Lanschen getragen, wobei jeder Mann 2 Sack trägt. Die Brothändler etc. fahren auf 2-rädrigen Wagen mit 1 Pferd durch die Straßen, das Innere der Häuser war nicht sehr einladend, wir besahen eine große Getreidebotega, eine Weinbotega, woselbst der Wein in colossalen Fässern ablagert, und später die Tuchfabrik von Kaiser.

Um 10 Uhr waren wieder an Bord und fuhren um 10¾ ab. Die Weinfässer wurden ins Wasser gerollt und dann in der See hintereinander angebunden und festgelegt.

In Talcahuano kamen um 11½ Uhr an, fanden dort den Dampfer *Totmes* vor, zufolge des von Vorwerk [*Kosmos*-Vorstand] eingetroffen Telegrammes bleibt *Totmes* bis zum Eintreffen von *Denderah* in Tomé, um die Ladung ex *Denderah* zu übernehmen, damit letzteres Schiff von hier direkt nach Guatemala gehen kann. Die Aufregungen über die Cholera-Verhältnisse sind sehr groß. Ich fuhr an Bord des *Totmes*, um meine kl. Koffer zu holen. Um 2½ fuhren ab.

3. Bei Verwandten in Valparaiso

1. Feb. 12 Uhr kamen zu Valparaiso ein. Ich fuhr mit Fishers ans Land, suchte später mit Neubauer Nicolaus [Linnich, Berends Schwager, s. Anhang II] auf. Um 5 Uhr fuhren nach Quilpué hinaus.

4. Feb. Wachte in der Nacht von einem heftigen Erdbeben auf, ich glaubte, dass ich an Bord eines Schiffes und mit demselben auf einen Felsen gestoßen, doch wurde das Haus und ich nochmals heftig geschüttelt, damit war es vorbei. Quilpué ist ein hochgelegener, hügeliger Ort, des schlechten Bodens wegen (Sandgrund) und der Dürre wachsen außer Pappeln und einigen verkrüppelten Sträuchern nur in den jetzt trockenen Betten der Flüsse resp. Bäche grüne Bäume und Sträucher, soweit der Boden es gestattet; dagegen die Privatgärten haben durch Einbringung von guter Erde in den Beeten und beständige Bewässerung einen üppigen Pflanzenwuchs, da die Sonne sehr warm und es im Winter weder friert noch Schnee fällt, d.h. in den niedriger gelegenen, geschützten Stellen, doch hier in Quilpué fällt Reif und bildet sich Eis.

Ich fuhr nach dem Frühstück 11 Uhr mit Nicolaus zur Stadt und kamen mit dem um 5¼ Uhr von Valp. abgehenden Zuge, welcher etwa 1 Stunde fährt, 2 Tunnel passiert, sowie auch Stat. Baron, Viña del Mar und in Salto anhält, heraus. Die Villa liegt in einem 9.800m² großen Garten (der letztere ziemlich quarré). Nach vorne liegen 3 Zimmer (Salon, Boudoir hinter der Veranda, und Schlafzimmer), hinter dem Salon liegt der Saal, dahinter Anrichtzimmer und Küche, hinter dem Schlafzimmer folgen 1 großes und 2 kleine Zimmer sowie Badekammer. Oben sind 4 Zimmer.

6. Feb. Der Dampfer *Totmes* traf am 3. ein, *Denderah* am 5. Feb. ein, die Choleraverhältnisse in Chile, welche bei meiner Ankunft einen recht bedenklichen Charakter annahmen, haben sich bedeutend gebessert. Doch kann der *Totmes* nicht nach Peru gehen, auch die *Denderah* liegt noch hier und wartet auf Nachrichten aus Guatemala, für mich ist es sehr unangenehm, dass ich den Brief aus Hamburg und Callao nicht bekomme. Abends und nachts ist es recht kühl, auch weht zuweilen am Tage eine frische Brise.

8. Feb. Gestern erhielt Briefe aus Hamburg v. 29. Dez., Sonntag war Capt. Svendsen hier draußen, gestern war auf der *Denderah*, woselbst heute gefrühstückt wurde.

9. Feb. Gestern machte Besuch bei Frau Fisher, ich fuhr mit N. hinauf, traf dort Frau Neubauer, Holzapfel, Dethaus. Nicolaus holte mich wieder ab und fuhren mit dem Lift hinab. *Kambyses* [I] traf gestern ein, Valparaiso hat sich sehr verändert, Pferdebahnen, Equipagen. Das Haus nebst Garten, in welchem N. wohnt, hat ihn 70 m Mark gekostet, auffallend sind hier die großen Mauersteine, adoves genannt, die werden bei geringeren Bauten ungebrannt verbraucht, ich besuchte mit Sternberg die Zollhäuser, nachdem zuvor an Land gefrühstückt hatte. *Denderah* geht nicht nach Guatemala.

11. Feb. Besah das Theater und den öffentlichen Garten, aß zu Mittag und brachte nach dem meine Sachen von der *Denderah* an Bord der *Totmes* – schlief des Abends am Bord, die Beleuchtung der Stadt und Hügel machte sich sehr gut vom Wasser aus, auf der Mole war ein Blinkfeuer.

12. Feb. Fuhr morgens zum Frühstück an Bord der *Kambyses* und nach dem an Land. Fisher lud mich ein, mit ihm hinauf zu gehen und die Nacht in seinem Hause zuzubringen. Um 5½ Uhr holte ich ihn vom Office ab, und erstiegen den steilen Hügel. Fisher hat einen prachtvollen Garten, wenn ich nicht irre, 20 t m^2 groß, er hat ca. 43.000 Pes. für denselben gegeben und glaubt bei Parzellierung desselben 8 … Pta. bekommen zu können. Leider ist während der nassen Jahreszeit wenig Regen gefallen, und ist daselbst der Garten in einer traurigen Verfassung, da während des Sommers kein Regen fällt, so sind auch viele Bäume im Ausgehen begriffen, die Früchte werden nicht reif, Gemüse, Erdbeeren etc. können gar nicht wachsen, die Quellen, welche hinter dem Garten in einem großen Bassin aufgefangen werden, um fast während der ganzen trockenen Jahreszeit den Garten zu überrieseln, haben kaum genügend Wasser für den Hausstand und zur Begießung einiger Beete. Das Haus selbst ist sehr groß, alles Parterre, und sind mehrere Höfe von Flügeln eingefasst. Abends kamen noch Hr. Strack und Frau, auch trafen dort Hr. Osthaus und Frau. Die Zimmer sehr groß und elegant.

4. Nach Norden: Iquique, Arica und Tacna

13. Feb. Wachte leider, wie alle die letzten Tage um 4 Uhr auf, um 8½ Uhr wurde ein Frühstück eingenommen. Fisher und ich gingen um 9 Uhr hinunter. 10½ Uhr fuhr mit Sternberg an Bord. 10½ Uhr verließ der *Totmes* den Hafen, bedeckte Luft, Temp. 16 Grad, hohe südliche Dünung, das Schiff rollt stark.

14. Feb. Gestern Abend begegneten einem Küstendampfer. Heute Morgen nahm ein Bad, 20°, das Seewasser 13°, Temperatur um 8 Uhr

14½°, Nebel, Regen. Meine Uhr habe in Valpar. reparieren lassen, 4 Pesos. Ruhige See seit Valpar. 294 M.

15. Feb. 20¼°R., ruhige See, hohe Küste, Br. 23°52, Lg. 70°47, Dist. 260 M. Wir haben der Passagiere v. *Denderah* hernach 2 zweiter Classe von Valparaiso bis nach Iquique, T.M. Thackthwait und H. Schmid, für Tacna M. Hellmann.

16. Feb. 21¼°R., warmes Wetter wir waren um 8 Uhr in Iquique [s. Abb.14]. Es lagen ca. 40 Schiffe in Reihe im Hafen, darunter italienischer Dampfer *Washington*, welcher von Callao [Peru] gekommen, woselbst er eine Quarantaine von 40 Tagen abgelegen hatte. Vor der Stadt liegt eine Insel, welche den Hafen vor der See beschützt, zwischen der Insel und dem Landungsplatz ragen einige Felsblöcke heraus, welche so dicht aneinander liegen, dass man mit großer Vorsicht mit den Booten (Gigs mit Sonnensegel und Fußdecken) rudern muß.

Die Stadt selbst liegt auf einem großen, flachen Plateau zwischen den Bergen und der See, die Straßen sind breit und schön, leider wächst nichts Grünes in dem salzigen Boden, und alle Pflanzen, welche gehalten werden, müssen in Kübeln oder Töpfe gesetzt werden, so die Fichten auf der Plaza, unter diesen Umständen können sie auch nicht groß werden, da sie für die Wurzeln zu große Behälter brauchen. In den Straßen fuhren elegante 2-spännige Equipagen, die Eisenbahn führt im Zickzack hinter die Berge.

Ich fuhr im Boot des Agenten Schulze an Land, bald kam ein Wagen von Thackthwait, welcher mich nach seinem Office brachte und später mit mir nach seinem Hause ging und mich seiner Frau vorstellte; das Haus derselben ist sehr luftig und elegant angelegt, großer Saal dit. Billardzimmer und 1 Treppe hoch 1 großer bedeckter Balcon, von welchem eine hübsche Aussicht über das Eisenbahnterrain mit Lawntennis, Hühnerhof etc. Wir gingen dann wieder hinunter, und führte mich genannter Herr alsdann nach der Plaza und der großen Markthalle. Wir gingen dann zu H. Schmidt (Firma *Gildemeister*), traf ein H. Dreyer; Schmidt zeigte mir seine großen Botegas sowie die wegen der häufigen Feuergefahr eingerichteten Wasserbehälter, Leiter und Spritzen. Schmidts haben einen besonderen Ladungsplatz und können 7.000 Cent. täglich und, wenn es sein muß und alles klappt, bis 15.000 Ct. Salpeter täglich einschiffen. Die anderen Verlader lassen ihren Salpeter in kleine Boote tragen, welche sie dann in die Lanschen überladen; wir gingen dann zum Office zurück und tranken von dem auch vorhin genossenen *Christiania* Bier. Die Eisenbahn fährt den Salpeter direkt hinter die Botega.

Ich suchte dann den Agenten der *Kosmos-Ges.*, Schultze, wieder auf. S. ging mit mir, machten Besuch bei Fölsch und Martin, woselbst wir H. Tams trafen. Dann setzten wir uns in einen Wagen und fuhren längs der See nach einem Vergnügungs- und Badeorte, Cavancha genannt, hinaus. Von Vegetation, wie vorhin erwähnt, keine Spur, aber gesunde Luft, die große Wärme am Lande wurde von einer angenehmen Seebrise gemildert. Die Abgaben sind ziemlich groß, so bezahlen die reichen Häuser 6.000 $. Das gewöhnliche Leben einer Familie ist nicht unter 1.000 Mg monatlich zu bestreiten, bei einer Miete von 150 Mg p.M. Mit Ausnahme der Engländer hat jede Nationalität ihre Spritzenchar., zu welcher die Regierung Subvention bezahlt. Ein Hospital ist kürzlich erbaut, eine Laterne im Bau begriffen. 2 große Maschinen pumpen das Seewasser nach einem größeren Bassin hinter der Stadt, außerdem wird durch verschiedene Windmühlen Wasser gepumpt. Trinkwasser wird teilweise condensiert, teils kommt es mit Dampfschiffen von Arica.

Um 6½ Uhr fuhren mit dem *Totmes* ab (ich war um 4½ zum Essen an Bord), des Abends kühlt es ziemlich ab, weshalb die Schlafcabinen des Nachts bei offenem Fenster nicht zu warm sind und auch im Salon sich die Luft frisch erhält.

17. Feb. Wir waren während der Nacht langsam gefahren und kamen am Morgen 6½ Uhr nach Arica (Temp. 21°). Arica [s. Abb. 14] liegt sehr hübsch an einer nach Norden offenen Bucht. Ein hoher von einer Batterie besetzter Felsen trennt den Ort von der See, hier hat im letzten Krieg [1879–1884] ein heftiger Kampf zwischen den Peruanern und Chilenen stattgefunden, die ersteren waren überrumpelt und wurden ohne Pardon niedergestochen und vom Felsen gestürzt [1880]. Die Leichen und menschliche Körperteile haben noch lange herumgelegen. Von Osten sieht man die schneebedeckten Cordilleren. Im Norden des Ortes liegen, längs der See, Gemüseländereien, welche durch einen dahinter fließenden Fluß überrieselt werden, und wird das Gemüse von hier nach dem Süden geschickt. Früchte dürfen mit Ausnahme von Pfirsich und Quitten der Cholera wegen nicht verkauft werden. Wir fuhren um 1 Uhr an Land mit dem Agenten Danelsberg. Der innere Anblick von Arica ist ein höchst trauriger; während man z.B. in Iquique auch in der Bureaus eine gewisse Eleganz und Würde antrifft, ist der Anblick hier nicht erhebend, was vermutlich durch die häufigen Erdbeben und Überschwemmungen herrührt, wodurch die am Wasser liegenden Lokalitäten teils zerstört, teils versetzt werden; später gingen wir mit D. nach dessen Haus, welches verhältnismäßig breit und luftig angelegt, sowie die Zimmer alle mit Fußdecken belegt sind, dagegen die Lokalitäten im Hinterhause sahen wenig verlockend aus. Es war sehr warm im Ort, wir besuchen noch die Markthalle und freuten uns sehr, als wir wieder zurückfahren konnten an Bord.

18. Feb. Heute Morgen kam der Poststeamer ein, ich schrieb daselbst einen Brief nach Hamburg. 18½°R. Gestern Abend sahen noch mehrere Gruppen von Seelöwen, welche über Wasser schießend ihre Ruhestätte auf einer Insel aufsuchten. Die Passagiere für Callao sind sich nicht schlüssig, was sie tun sollen.

19. Feb. Gestern Nachmittag um 3 Uhr fuhren Capt. Svendsen, Dufour, Frl. Crempien und ich mit der Bahn nach Tacna [s. Abb. 14], die Bahn geht zuerst durch die Gemüseländereien und dann durch eine Sandwüste 1.800 Fuß ansteigend nach Tacna, die Überreste von 2 Erdbeben, durch die See aufs Land geworfene Schiffe (1 Kriegsschiff) passieren vor den Blicken, eine Luftspiegelung lässt die See näher herantreten.

Tacna [früher bolivianisch] liegt dann wie Gretchen im Grünen vor uns, und, nachdem wir der verschiedenen Flussbetten wegen kreuz und quer fuhren, langten nach langer Fahrt um 5½ Uhr in Tacna an. Ich hatte verschiedene Empfehlungsbriefe mit, doch waren dieselben von keinem Nutzen für mich. Wir stiegen im *Hotel American* ab, aßen zu Mittag und spazierten unter Führung eines Deutschen (Bier und Weinverschenkers) Edeling nach der Alameda, eine mit Pappeln besetzte, von einem Strom (welcher doch nicht alle Tage fließt) durchschnittene [Esplanade], langer Spaziergang; auch besuchten den mit hübschen Springbrunnen und grünen Gewächsen besetzten Platz, auch vor dem Hause des Intendanten ist eine hübsche Anpflanzung mit Springbrunnen, die Häuser sind luftig, teilweise mit 1 Stock darauf gebaut, das Hotel hoch und verhältnismäßig elegant. Für Logis & Beköstigung wurde 3 Dollar Silber gefordert, außerdem wird für Kaffee merkwürdigerweise 30 c extra berechnet. Diese Nacht habe ich nicht geschlafen, da noch lange Billard gespielt und bis 2 Uhr eine laute Unterhaltung geführt wurde.

Stand diesen Morgen um 6 Uhr auf. Gingen, nachdem wir Kaffee getrunken, nach der Markthalle, woselbst wir prachtvolle Pfirsiche und schöne Birnen erhandelten. Die Bolivianerinnen haben meistenteils feine Panamahüte oder auch leichte Filzhüte auf. Abends sollte Maskerade sein, da morgen der Karneval beginnt. Da ich genügend von [der] Stadt gesehen und ich nicht unnötig Geld ausgeben wollte, so fuhr ich um 9 mit dem Zug nach Arica zurück, der Kapitän blieb zurück, ließ sich seine Uniform nachschicken.

Um 11 Uhr kamen in Arica an und segelten an Bord des *Totmes*. Oben war es recht warm [gewesen], doch an Bord schön frisch, später erhielt eine Einladung von Danelsberg, bei ihm zu wohnen von morgen an.

20. Feb. Fuhr heute Morgen 9 Uhr an Land zu Danelsberg (betrunken, Doktor).

21. Feb. Letzte Nacht hatte nicht geschlafen, teilweise störten die Moskitos, hauptsächlich aber hatte ich ein warmes eingeschlossenes Zimmer, infolge dessen entschloss ich mich, von Land zurückzukehren, da auch der Aufenthalt am Lande höchst langweilig war, Scheiben geschossen, leichtes Erdbeben.

22. Feb. Nichts Bemerkenswertes, sahen viele Haie und Hammerfische sowie Seelöwen, fühlte mich nicht ganz wohl, weshalb ich wenig gegessen, leider verlor ein Paar Strümpfe aus dem Fenster.

71

Abb. 14 Nordchile: Von Iquique nach Arica

5. Produktion von Salpeter, Borax und Silber

23. Feb. um 8 Uhr früh fuhren ab nach Iquique, hatten (270 to Salpeter und 250 to Borax geladen) Ladg. genommen.

24. Feb. erreichten Iquique um 6 Uhr morgens, hatte nicht geschlafen, bekam ziemlich Schmerzen, welche immer mehr zunahmen, so dass ich nichts genießen konnte. Mr. Thakthwait schickte an Bord und ließ mich holen; nachdem wir gefrühstückt, führte mich Th. durch das Eisenbahndepot, dann gingen wir zu Gildemeister, um Näheres über meine Tour nach den Oficinen (Salpeterfabriken) zu besprechen; ich hatte sehr viel Schmerzen, um 5 Uhr fuhren Th. und ich nach Cavancha spazieren. Um 1 Uhr wurde zu Mittag gegessen, d.h. ich aß nicht mit. Es kam ein Mr. Griffin, dessen Frau ein kleines Baby hat, weshalb G. bei T. so lange isst, später kamen auch Mr. und Mrs. Camber und Dr. Gilberts, Administrator der *Oficina Argentina*. Gilbert, seine Familie wohnt in Eimsbüttel bei Hamburg, ging um 10 Uhr zu Bette, das letztere für 2 Personen eingerichtet, das Zimmer selbst groß und elegant.

25. Feb. Ich hatte nur bis 1½ Uhr geschlafen, um 6 Uhr stand ich auf, mir wurden Tee und 2 Eier gebracht, um 7.21 fuhr in Begleitung von T. per Bahn nach La Noria ab [s. Abb. 14]. (Neb, welcher die Tour mitmachen wollte, kam nicht mit wegen Unwohlsein.) Die Bahn steigt 1.800 Fuß an, man hat von oben einen prachtvollen Ausblick über die Bai und Iquique, bis die Bahn sich zwischen den Bergen verliert und um 11 Uhr in La Noria nach vielen Kreuz- und Querfahrten ankommt, die Länge derselben ist 34 Meilen. Zwischen der Bahn und der See resp. dem Ufer sind kolossale Sanddünen von 300 Fuß Höhe aufgeweht, welche mit ihren scharfen Rücken einen wunderbaren Anblick bieten, wir passierten 3-4 Stationen, woselbst ein Drink genommen wurde. Ein gewisser Don Pedro, welcher als Verkäufer auf der *Oficina Argentina* sich befindet, war mein Begleiter. In La Noria waren 2 Pferde, welche wir bestiegen, und gefolgt von einem Mozzo auf einem Maultier, ritten nach der *Oficina San Pedro* ab. T. verabschiedete sich. Es war natürlich außerordentlich heiß in diesen Salpeterbergen, und vergoss ich manchen Schweiß, doch gingen die Pferde sehr bequem, um 11½ kamen in San Pedro an. Die Oficinen liegen alle in der Ebene, Pampa genannt. In San Pedro ist Herr Hansen Administrator, derselbe ist von Sylt, aber mit einer Hiesigen verheiratet, er hat 3 Kinder, außerdem wohnt seine Schwiegermutter und Schwägerin bei ihm. Hansen war nicht ganz wohl, doch konnte er mich herumführen, wir trafen zur Frühstückszeit ein und nahmen daran teil. Das Essen war sehr schmacksam zubereitet, Suppe, Fleisch mit Reis, Kartoffeln, Ochsenbraten, dann Tee, sehr guter Rotwein.

Der Salpeter wird in Schichten von höchstens 6 Fuß Stärke gefunden, welche durch Bohrungen nachgesucht; auch die Tiefe, in welcher derselbe liegt, ist verschieden; nachdem ein Stück Land vermittelst Bohrungen untersucht ist, wird der Gehalt an Salpetererzen taxiert und für die mutmaßliche Reihe von Jahren der nötige Betrieb eingerichtet. Der Boden wird leicht gesprengt und der weiche Salpeter, Caliche genannt, herausgenommen. Die Arbeiter, welche v. Carlte bezahlt bekommen, suchen die Stücke, welche die Größe einer großen Kokosnuss haben, durch Hammer so gut wie möglich vom Schmutz zu reinigen, die schlechten Stücke werfen sie weg, die guten werden dann auf Karren geladen und von 4 Maultieren nach der Fabrik gefahren, je nach Bedarf kommen die Stücke sofort zur Bearbeitung oder werden aufgeschichtet. Auf der Fabrik werden sie zunächst in kleine Stücke gebrochen und fallen in auf Schienen stehende Wagen; wenn gefüllt, werden sie über einen leeren Kessel gehoben, der Boden geöffnet; nun fällt die Caliche in den mit Dampfröhren durchzogenen Kessel hinab, 1 Fuß über dem Boden liegen lose durchlöcherte Platten, so dass die Stücke nicht ganz hinunter fallen, sondern sich unten die Lauge ansammeln kann; solcher Kesseln befinden sich je nach der Größe der Fabrik 6-8 nebeneinander. Nachdem die Caliche hier eine bestimmte Zeit bis 110° Fahrenheit gekocht hat, wird die Lauge in einen anderen frisch gefüllten Kessel hineingetrieben, um sich daselbst, wie es heißt, anzureichern, bis alle Kessel durchgearbeitet sind, dann fließt die Lauge in einen Vorbehälter, um Schmutz abzulegen, und von dort nach unten zum Abkühlen; der Salpeter kristallisiert sich und sinkt zu Boden, das darüber stehende gelblich aussehende Wasser wird wieder nach oben getrieben und geht durch die Kessel wieder durch. Ganz läßt sich der Salpeter nicht herausziehen, es bleibt immer noch 5 oder 6% in dem Schmutz nach. Durch unten im Boden befindliche Löcher wird derselbe in Schienenwagen hinuntergeworfen und, von einem Maultier gezogen, weggebracht. Herr Gildemeister hat noch eine Oficina, *San Juan* genannt, welche aber augenblicklich nicht arbeitet, da eine Vereinigung zwischen den verschiedenen Besitzern getroffen ist, nur ein bestimmtes Quantum zu arbeiten. Das Land zu der *San Juan Oficina* hat 500 m Pesos gekostet, diese kann 90 m Quintel p. Monat liefern, die *Argentina* 70/m und *San Pedro* 45 m p.M. Ein Arbeiter bekommt 2 P [?] p. Tag

Um 2½ Uhr ritten von *San Pedro* wieder ab und kamen um 3 Uhr b.d. *Argentina* an. Während *San Pedro* mehr das Ansehen eines Bauernhofes hat, ist *Argentina* ein Herrenhaus, schöne große kühle Zimmer. Auf der *Argentina* sind 200 Arbeiter beschäftigt, außerdem sind verschiedene Beamte, Administradoren, Buchhalter im Verkaufslokal, Pulperia genannt, 2 Verkäufer, Schreiber, Aufseher, Maschinenmeister, Ladungsempfänger etc., so dass wohl der Taglohn durchschnittlich auf 3 P [?] p. Tag kommt. Der Zoll ist jedoch sehr hoch 1.25 p. Ch. [?] (Es werden 2.500 Ch pro Tag gewonnen, macht Ch 600 P Arbeitslohn, dann kommt die Fracht zur Küste).

Um 7 Uhr wurde zu Mittag gegessen, sehr schmackhaft und guter Rotwein (Rheinwein); vorher machte mit Blecher, dem Buchhalter, einen Ritt nach den Caliche Feldern. Bei Tisch saßen die Herren wie in *San Pedro* alle zusammen, sie sind ihrer hier 9, wenn Dr. Gilbert, der eigentlich in Iquique weilt, hier ist. Die vorher genannte Pulperia ist ein großer Laden, in welchem alles, was die Leute bedürfen oder wünschen, zu kaufen ist. Das Zahlungsmittel besteht in kleinen Holzstücken mit der Firma *Gildemeister* versehen.

26. Feb. Ich hatte ein sehr schönes Zimmer zum Schlafen, trotzdem wachte um 3 auf, meine Schmerzen waren gestern vollständig beseitigt. Um 10¾ Uhr ritt von der Oficina in Begleitung von Don Pedro ab und erreichte die Oficina um 11 Uhr, woselbst wir frühstückten. Herr Hansen lag zu Bett, er litt an Dyssenterie [!], um 12¼ ritten weiter und kamen 12¾ in la Noria an; um 1.20 fuhr ich dann allein zur Bahn nach

Iquique hinunter, woselbst um 5 Uhr ankamen. Svendsen, Neb und Dufam waren am Bahnhof. Zu Tisch war ich mit Th. und Frau zu Schmidts eingeladen. Ich traf daselbst auf einen H. Petersen, welcher einer Oficina bei Antofagasta vorsteht. Nach Tisch gingen wir nach einem „zum Besten der Cholera Bedürfnisse" [WC?], erreichten Bazar, verkauft wurden nur Getränke und Cigaretten, es wurden natürlich viele Drinks genommen, ich musste auch 2 Pesos opfern für Lose. Dreyer, Gilbert und ich gingen zu Schmidts, woselbst Gilbert mir einen Bericht der Rede Bismarcks im Reichstag am 13. Jan. vorlas, doch wurde die Uhr 12. Als Thakthwait kam, ging ich mit demselben zum Hafen.

27. Feb. machten noch einen schönen Spaziergang bis zum Badehaus an der See und nach dem Pferdestall, woselbst Th. seine Pferde stehen hat und kehrte in Schweiß gebadet zurück. Nachdem wir gefrühstückt, fuhren um 11½ an Bord, um 12 verließ der *Totmes* Iquique.

Am 25. um 01 Uhr hatte ein starkes Erdbeben, das Haus erschütterte so stark, dass Hansen mich aufforderte hinauszugehen.

Die Frauen tragen ganz schwarze Tücher. Thackswaith bezahlt für seine Pferde monatlich 25 P. Futtergeld u. Aufwartung, die Pferde sind hier viel kräftiger als in Valparaiso, für schöne Pferde werden bis 1.000 P. bezahlt. Der Wert von Jod ist ein bedeutender, pro Pfund 15 M., doch wird jetzt nichts fabriziert, da das Lager zu groß ist.

28. Feb. Wärme im Schatten beständig 18 Grad, um 9 Uhr Antofagasta, nahm ein gewärmtes Bad. Der Agent für die *Kosmos-Linie*, Döll, sowie Radbruch, Agent der *Kirsten-Linie* [*Kosmos*-Konkurrent], welcher aber mit uns Borax-Contracta, leider < 35%, besitzt, kamen an Land; es lagen außer dem Küstendampfer 6 Segelschiffe im Hafen. Gegen 3 Uhr fuhr mit dem Capt. an Land.

Der Ort ist regelmäßig in breiten Straßen angelegt, die Häuser meistens Parterre, Plaza mit einigen Gewächsen in Töpfen und einer Tribüne für Musik. Die Straßen selbst sind tiefsandig mit Steinpflasterung für Übergänge und Eisenbahn aus dem Inneren, außerdem eine Unzucht-Carretas. Eine große Salpeterfabrik liegt am Strande sowie eine Silberschmelze. Einwohnerzahl 5.000.

Der Borax, welcher hauptsächlich nach Hamburg geht, wird zur Glaslubrikation, zum Löten etc. benutzt, derselbe findet sich in großen 3-4 Fuß tiefen seeartigen Flächen vor, welche das Auge so blenden, dass man schwarze Brillen trägt. In diesen Flächen wird den Arbeitern ein gewisses Quarré zum Ausgraben mit Pique und Schaufel in Accord gegeben, alsdann wird es so gut wie möglich von Schmutz gereinigt und kommt soweit nötig auf Darren zum Trocknen. Als ausgezeichnetes Brennmaterial benutzt man große 3 Fuß hohe Pilze, Yareta genannt.

1. März, Gestern kamen nur 10 to Regulus [Rohmetall] an Bord, heute 300 Silberbarren. Ging nicht an Land.

2. März, Nach dem Frühstück fuhren Capt. Svendsen, Dufam und ich an Land. H. Döll schenkte mir einen großen Erzstein und 2 kleine. Wir besahen die Silberschmelze, es wird hier jedoch nur das wenig silberhaltige Erz geschmolzen: In hohen etwa 2 m hohen und innen 4 Fuß im Durchmesser ausgemauerten Öfen wird das Erz, nachdem die verschiedenen Sorten gemischt, geworfen, immer ein Lager Erz und ein Lager Cokes. Der Ofen wird immer voll gehalten, 13½ Mt lang. Unten läuft der Ofen, welcher oben offen ist, trichterförmig aus und hat einen eisernen Rund mit Luftlöchern, das geschmolzene Metall wird in eine Grube gelassen, woselbst das Silber in Vereinigung mit Blei zu Boden fällt, in anderen Öfen wird alsdann das Blei vom Silber getrennt.

Die Berge hinter der Stadt sind 1.800 Fuß hoch, die Lanschen mit Ladung kamen zum Dampfer heran, es gingen hin und wieder Segelschiffe.

3. März, wir nahmen den Tag über Ladung ein, doch da die Lanschen langsam herankamen, verließen erst um 7 Uhr Antofagasta. Von H. Döll erhielt 1 l Wein, von Radbruch 1 kg Borax naturel.

4. März, 16° R. bedeckte Luft, später heiter Wind S. Bad.

5. März, um 6 Uhr morgens kamen nach dem Hafen von Huasco, derselbe ist sehr klein, da nur die für den Hafenbetrieb erforderlichen Personen dort blieben, vom Hafencapitain erhielt einige Freimarken und kaufte für 1 Dollar 3 Franken, erhielt Neb; Agent W. Craig gab mir 1 Probe Manganese 55%, fuhren gegen 12 Uhr ab.

6. März, bedeckter Himmel, 18° Cels., fuhren längs der Küste, welche mit hohen Bergen besetzt war, gegen 3 Uhr klärte der Himmel auf, das Wetter wurde schön, 3½ Uhr passierten Quinteiro Bay, wo diejenigen Schiffe, welche einen oder anderen chilenischen Hafen vor Valparaiso anlaufen wollen, Quarantaine zu liegen haben. Wir sahen außer anderen Schiffen, den *Ramses* [*Kosmos-Linie*] dort liegen, wir grüßten, doch antwortete er nicht, um 5¼ Uhr trafen wir in Valparaiso ein.

6. Ausflug von Valparaiso nach Santiago

7. März, vormittags dichter Nebel, fuhr um 10 ans Land, die *Bianca* lag im Hafen, die *Hermia* ist im Smith Channel gesunken, der Dampfer *Valps* an der spanischen Küste verloren, Passagiere gerettet, fuhr nachmittags 4¼ Uhr mit Nicolaus [Linnich] nach Quilpué.

8. März 1887. Ich hatte die Absicht, diesen Morgen mit Nicolaus nach Santiago zu gehen, doch da ich die Nacht nicht wohl gewesen, fuhr N. allein, ich machte einen langen Spaziergang und nach dem einen Ritt und, da ich mich ganz wohl fühlte, so überredete mich Rosalba [Linnich], mit dem Nachmittagszug nach Santiago zu gehen. Um 6¼ fuhr ich ab, traf gegen 10 Uhr ein. N. war am Bahnhof; wir fuhren ins *Hotel Oddo*. Leider war es zu dunkel, als dass ich die Gegend genau beobachten konnte; am interessantesten ist die Fahrt in der Mitte zwischen den Bergen, woselbst wir auch eine hohe Brücke passierten. Santiago liegt in einer ungeheuren Ebene, im Hintergrund die schneebedeckten Cordilleren, und ist von hohen Bergen eingefasst.

9. März. Teils meines Unwohlseins wegen, teils wegen des ungeheuren Lärms der Wagen und des Pfeifens der Polizeileute hatte ich eine schlaflose Nacht. Nachdem wir Tee getrunken, fuhren mit der Pferdebahn nach der Quinta normal, unterwegs holten wir Erna Giebel ab.

Die Quinta normal ist ein großer botanischer Garten in Verbindung mit zoologischer Ausstellung, doch ist letztere nur schwach besetzt. Im Übrigen zeichnete sich die Quinta durch ihre große Ausdehnung aus, Cypressenalleen, Magerlien, Ahorn etc. Wir fuhren dann zurück und besuchten die Markthalle; der Cholera wegen dürfen leider keine Früchte verkauft werden, doch eine große Auswahl von Gemüse war vorrätig.

Santiago hat ca. 200 tnd Einwohner, besitzt aber im Verhältnis eine große Anzahl Equipagen und Pferdebahnen. Die Häuser meistens nur Parterre oder nur mit einem Stockwerk versehen; der Erholung wegen sind sie häufig noch von großen Höfen resp. Gärten umgeben, wodurch die außerordentlich große Ausdehnung der Stadt entsteht. Die große, mit stattlichen Bäumen bepflanzte Alameda (Esplanade) durchschneidet einen großen Teil der Stadt.

Um 11 Uhr gingen zum Frühstück, ich selbst genoss nur 2 Gläser Portwein; nach dem Frühstück, an welchem Giebel teilgenommen, zeigte mir letzterer das Haus der Deputierten. Wir sahen den Saal der D., welcher keine Rednertribüne enthält, doch im Ganzen die Einrichtung üblicher Lokale enthält, amphitheatralisch sich aufbauend mit regelrechten Gängen zwischen den Sitzen, Stenographentisch etc. Besahen auch den großen, mit Marmor bekleideten Eröffnungssaal. Als vor einigen Jahren ein Präsident des Congresses starb und die Klerisei aus Oppositionsgründen die Ausstellung desselben, wie es Gebrauch war, in der Kathedrale untersagte, wurde die Leiche in diesem großen Saale aufgebahrt und dem Publikum gezeigt.

Dann besahen das neue Postgebäude; alle Unterbeamten sind Frauen; ebenso wie die Conducteure der Pferdebahn, doch werden nur häßliche verwendet. Ich setzte mich dann in eine Pferdebahn, genannt Carro resp. Cavic Urban; fuhr nach der recoletta dominica einer Kirche, um solche zu besehen. Die Türen waren geschlossen, gegenüberstehende Pfaffen sagten mir, dass nur von 4-5 Uhr die Kirche geöffnet sei. Ich ging deshalb langsam zurück. Im Hotel angekommen, wartete ich auf Nicolaus. Wir nahmen einen der Wagen, welche, leicht und elegant gebaut, von kleinen flinken ausdauernden Pferden gezogen wurden (eigentümlich berührt es, dass ebenso wie in Valparaiso das

Verdeck des Wagens über den Sitz des Kutschers nach vorn weitergeführt ist), und fuhren nach dem Cerro. Dieses ist ein Felsen, welcher an einer Seite der Stadt hoch herausspringt; derselbe ist mit Pflanzen verschönert, bis ungefähr zur Mitte mit guter Fahrstraße versehen, hier befindet sich auf einem Plateau ein großes Lokal, zu Vorstellungen usw. bestimmt, errichtet. Von hier führen steile Treppen nach der Spitze, welche von einem Glashäuschen gekrönt. Hier genießt man eine prachtvolle Aussicht über die Stadt auf die schneebedeckten Anden. Leider macht die Stadt einen eintönigen braunen Eindruck, da die Dächer derselben mit braunen Ziegeln bedacht sind.

Nach Rückkunft im Hotel machte N. noch einige Besuche, später fuhren wir mit einem anderen Herrn nach dem Park Couseño. Dieses ist ein ungeheures Feld zu Truppenübungen, Corsofahrten usw. benutzt, derselbe ist mit prachtvollen Alleen, Bäumen, Pflanzen sowie einer Restauration mit davor befindlichem Teich versehen, diese Anlagen sind ein Geschenk an die Stadt (welcher das Terrain gehört) von Couseño, dessen prachtvolles Palais man auf der Fahrt dahin passiert.

Um 6 Uhr fuhren von Santiago ab und erreichten Quilpué 9½ Uhr.

7. Heimreise: Krank zu den Falkland-Inseln

10. März. Ich blieb meiner Gesundheit wegen hier (merkwürdigerweise fand verlorene 15 Cents wieder). Gestern auf dem Wege zum Bahnhof fuhren wir bei N.s Schwiegermutter und Schwägerin vor, erhielt Brief aus Hamburg.

11. März, blieb in Quilpué.

12. März, Brief nach Hamburg, da mein Befinden sich nicht besserte, fuhr um 12 Uhr zur Stadt um Doktor Wagner zu konsultieren, welcher eine Entzündung des Dickdarms konstatierte und mir Verschied. verordnete.

13. März, heute Sonntag fühlte mich besser.

14. März, letzte Nacht und heute Morgen war weniger gut. Ich fuhr mittags zur Stadt und konsultierte im Verein mit Nicl. den Arzt, da ich gern am 16. abreisen wollte, so fanden wir es richtig, dass ich so lange ins deutsche Hospital ging.

[**15. März**: Hospital]

16. März, Heute Mittag, 1 Uhr, verließ das Hospital; der *Totmes* war leider schon am Morgen gegangen, ich fuhr deshalb an Bord der *Theben* und hoffe, ersteren Dampfer noch in Lota zu treffen. Nicolaus und [Tochter] Rosita brachten mich bis an Seite des Schiffes, Rosalba blieb auf der Mole. Der Verwalter des Hospitals heißt Müller, sein Vater ist daselbst Apotheker.

17. März, heute Morgen erhielten erst noch mit dem Dampfer *Chiloe* gestern eingetroffenes Leder, weshalb wir erst 12¾ Uhr den Hafen verließen, draußen wehte ein frischer Süd Wind, Nicolas kam noch an Bord, später Fishers, Neubauer. Nachmittags wurde wieder unwohl, weshalb ich mich früh legte.

18. März, befand mich besser, stand um 9½ Uhr auf, Wetter sehr schön, See ruhig. Mehrfach Nebel, nachts befand ich mich weniger gut, gingen um 1½ Uhr bei Lota [s. Abb. 13] vor Anker.

19. März, Morgens 6 Uhr gingen Anker auf, etwas neblig, später prachtvolles Wetter, freute mich, den *Totmes* zu sehen, ich fuhr um 9 an Bord. Um 10 Uhr verließen den Hafen, passierten 1¼ Uhr die *Sakkacote*; an Passagieren:
1. Cajüte ist Herr Liebig nebst Frau u. 2 Töchtern sowie Frau Deichmann und Tochter, Capt. Ohnesorg bis Punta Arenas.
2. Cajüte sind 1 Off. und 2 Masch[inisten] der *Hermia*,

Außer der *Sakkacote* passierten einen Dampfer der *Gulf Linie*.

20. März, 17½ Grad Cels., Wind nördlich, hohe südliche Dünung. Schiff rollt stark, viel Wasser auf Deck. Später Regen.

21. März, 13°C., Wind schwach S.O. Wetter heiter, See etwas ruhiger.

22. März, 12°C., um 6 Uhr passierten Tres Montes [s. Abb. 12], 8½°, trafen im [Messier-]Canal ein. 1 Boot mit 6 Eingeborenen passierte schreiend längsseits; um 4½ Uhr liefen in die engl. Narrows ein [s. Abb. 12, rote Route], eine enge Bogenstraße, welche deshalb nur mit Stallewasser passiert werden kann, um 6 Uhr gingen in Eden Harbour zu Anker, eben vorher passierten die auf einem Felsen aufgelaufene *Hermia*, die zur Bewachung zurückgelassene Mannschaft kam an Bord. Es wurde Kaisers Geburtstag durch Feuerwerk und Champagner (beides von Herrn Liebig spendiert) gefeiert. Ich ging um 8½ Uhr zu Bett (wir hatten um 6½ Uhr gegessen). Später kam noch ein Canoe längsseits, doch fühlte ich mich zu unwohl, um aufzustehen.

23. März, 11°, gingen etwa 7 Uhr ab. Im Salon wurde geheizt, und war von nun an mein Platz in der Nähe des Ofens; wir trafen später viel schwimmendes Eis und füllten unseren Eiskeller, hatten viel Regen, wir gingen Abends in Molyneuxsound um 4½ zu Anker, der starke Regen verhinderte unser an Land gehen, mein Befinden nicht besser.

24. März, 12°C., Wind nördlich. Erst heiter, später Regen mit Wind, welcher gegen Abend zunahm; morgens um 4 Uhr gingen ab, um 3½ Uhr passierten 2 Letos feuerten einen Kanonenschlag ab.

25. März, 7°C., Befinden unverändert, um 8½ Uhr verließen den Canal, das Schiff fing wieder an zu rollen, viel Regen, und fuhren in die Magellanstraße, es kam ein Boot mit Feuerländern und tauschten wir einige Felle ein. Die Indianer sahen gut genährt aus, um 8¼ Uhr abends passierten die Südspitze von Amerika.

26. März, 10°C., früh 1½ Uhr erreichten Punta Arenas, später kamen der Agent Wahlen und der Hafenkapitän Jürgens an Bord, welche mir jeder ein Otterfell schenkten, Kapitän Svendsen überreichte mir für Johanna 1 Guanacafell; um 8 Uhr gingen weiter, ein Farmer fuhr in der 1. Kajüte mit nach Port Stanley [Falkland-Inseln]. Schönes Wetter, Schiff rollt ziemlich.

27. März, 12°, Gestern um 3½ Uhr passiert den Bergungsdampfer *Malrinet*, welcher die in Eden Harbour aufgelaufene *Hermia* zu bergen beabsichtigt, es brachte uns einige Briefe für Montevideo. Wind heute westlich, hohe See, heiteres Wetter.

28. März, 9½° C. N.O., unfreundliches Wetter, die Schraube des Schiffes machte letzte Nacht einen unausstehlichen Lärm, weshalb wenig oder gar nicht geschlafen habe. Befinden besser, doch hatte tagsüber heftige Leibschmerzen; wir fuhren längs der Küste, die Luft wurde dunkel, und da es schon spät war, gingen um 9 Uhr draußen Kidney core [Falkland] zu Anker.

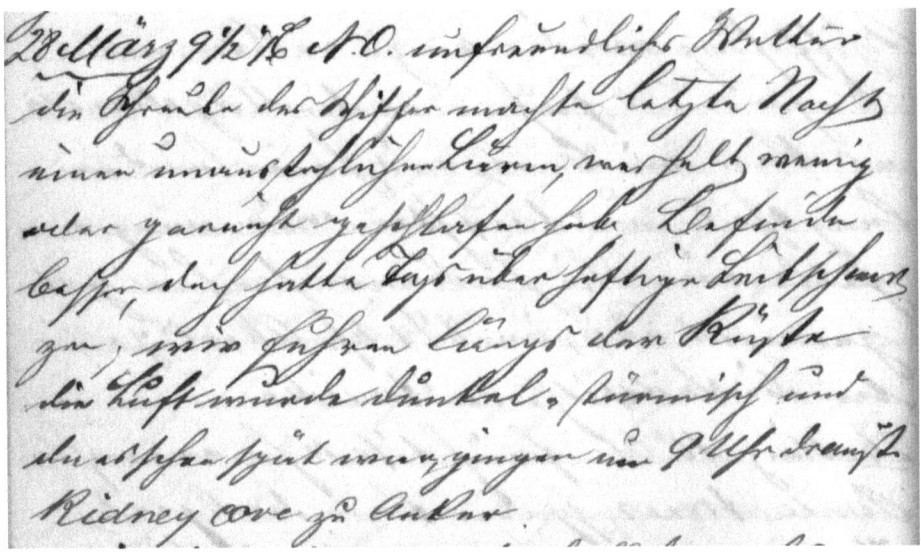

Abb. 15 Berend Roosens Reisetagebuch: Befinden am 28.3.1887

29. März 8° C., um 6 Uhr fuhren ab und in den William Hafen hinein, dann von letzterem durch eine enge Einfahrt in ein inneres Bassin an dessen südlichen abhängigen Ufer der Ort Port Stanley liegt. Um 7½ Uhr gingen zu Anker. Es lagen eine Menge Segelfahrzeuge, viele Hulks [außer Dienst gestellte Schiffe] und kleine Dampfschiffe sowie 2 engl. Kriegsschiffe vor Anker. Gegen unser Erwarten wurden keine Schwierigkeiten hinsichtlich unserer Verbindung mit dem Ufer (wegen der Cholera) gemacht. Capt. Schlottfeld [*Kosmos*-Agent] kam an Bord, und fuhr ich nach dem Frühstück p. kl. Dampfboot an Land, ich war außerordentlich matt in den Beinen. Das Wetter war warm und schön. Ich suchte Frau Schlottfeld auf, welche erst vor Kurzem ein totes Kind gehabt hatte, aber jetzt wieder recht wohl aussah. Später kamen auch die anderen Passagiere an Land. Liebig, Capt. Svenson, Schlottfeld und ich, wir machen Besuch bei Mr. Cob, dem Gouverneur und Dean, daselbst trafen nur die Frau.

Schlottfelds bewohnen ein niedlich eigenes Haus.

[Hier endet das Tagebuch von Berend Roosen. Offenbar immer kränker, wird er auf der Insel Flores vor Uruguay ausgesetzt, wo er am 14. April stirbt und auch begraben wird.]

Abb. 16 Berend Roosens Grab auf Flores (1887)

Teil III: Arthur Roosen – Die Familie Roosen (Auszug)

1. Bernd VII. Roosen

Berend VII. Roosen ist geboren am 25. Mai 1835. Er wurde Kaufmann wie sein Vater und betrieb unter seinem Namen ein Reedereigeschäft. 1865 hatte er sieben Schiffe, 1867 neun Schiffe, von Mitte der 1870er Jahre reduzierte er die Schiffszahl und gab um 1882 das Reedereigeschäft auf. Die Schiffe, die er besessen hat, sind in beigefügter Liste des Herrn Kapitän Kornitzer zu ersehen [Auszug im Anhang I].

Berend hatte geschäftlich viel Unglück, weil er zu viel wagte und seine Mittel überanstrengte. Später war er Mitbegründer der *Deutschen Dampfschiffahrtsgesellschaft Kosmos* und Aufsichtsratsmitglied derselben. Als solcher unternahm er eine Geschäftsreise nach der Westküste Südamerikas, auf der er [1887] verstarb.

Ich kann mich an Onkel Berend gut erinnern. Er sah sehr gut und fein aus. Er trug der Zeitsitte entsprechend einen großen Vollbart wie der deutsche Kronprinz [s. Frontispiz]. Er machte gern kleine Scherze mit uns Kindern. Alle Verwandten hatten ihn gern. In der Mennonitenkirche bekleidete er das Amt eines Diakons.

Onkel Berend war zweimal verheiratet. 1863 heiratete er als 28-Jähriger ein sehr schönes, junges Mädchen, Therese Zimmer, das erst 17 Jahre alt war. Die Ehe dauerte nur 2½ Jahre, da die junge Frau an Schwindsucht starb. Er heiratete 1870 in zweiter Ehe Fräulein Johanna Linnich, die damals 31 Jahre alt war.

Tante Johanna war sehr bescheiden, fast demütig. Dies mag auf die vielen schweren Schicksalsschläge, die über sie hereinbrachen – die Verluste ihres Mannes, sein Tod, die Krankheit und der Tod ihrer Stieftochter Laura – zurückzuführen sein.

Berend Roosens lebten eine Reihe von Jahren, derer ich mich besonders erinnere, in einem kleinem Gartenhaus am Schlump Nr. 11. Tante Johanna überlebte ihren Mann um 28 Jahre. Sie starb am 15. Februar 1915.

85

2. Die Nachkommen

Onkel Berend und Tante Johanna hatten folgende drei Kinder:

1. Agnes Roosen, geb. 1871, gest. 1923. Sie war mehrere Jahre fast völlig steif an Händen und Beinen infolge Gicht, bis sie durch einen plötzlichen Tod von ihrem schweren Leiden erlöst wurde, das sie mit Geduld trug.

2. Berend Roosen VIII., geboren 1873, erschossen am 5. Mai 1945 von den Russen in Damerau. Nach der Absolvierung der Kadettenanstalten in Bensberg und Lichterfelde wurde er 1892 Leutnant in Metz. Er avancierte 1908 zum Hauptmann, nachdem er während der Jahre 1905–1908 am Feldzug in Südwestafrika gegen die Hereros als Oberleutnant im 2. berittenen Feldregiment teilgenommen hatte [s. Lit. 2]. Dann wurde er Major in Spandau. Den Ersten Weltkrieg machte er zunächst als Bataillonskommandeur mit. Er erhielt außer anderen Auszeichnungen den Orden *Pour le Mérite*.

Berend war ein großer, kräftiger, lebensfreudiger, geschickter und beliebter Mensch, seine Frau [Ellen, geb. v. Pawlowski] eine feinsinnige, etwas zarte Dame von äußerem Liebreiz.

3. Catharina Roosen, eigentlich Käthe genannt, ist 1877 geboren. Sie verheiratete sich mit dem um 1 Jahr jüngeren damaligen Landrichter, späteren Notar Dr. Ulrich Sieveking [Lit. 3]. Dieser ist als hervorragender Jurist bekannt und eine besonders sympathische Persönlichkeit. Käthe litt während ihrer letzten Lebensjahre an derselben schweren Gichtkrankheit wie ihre Schwester Agnes und ihre Tante Wilhelmine Roosen und starb am 7. April 1942.

Meine Frau und ich verkehrten gern mit dem Ehepaar Sieveking. Sie haben drei Söhne, den Verwaltungsrichter Dr. Friedrich Sieveking, verheiratet mit Eva, geb. Mönckeberg, den Kaufmann Ulrich Sieveking in Australien, verheiratet mit Ruth, geb. Crasemann, und den Syndikus in einem Oelwerk [*Schindler*] in Hamburg, Dr. Johannes Sieveking, verheiratet mit Hildegard, geb. Godeffroy [die Eltern des Herausgebers].

Anhang I: Die Reedereien

Abb. 17 Flagge der Roosen-Reedereien
(B. & H.Roosen, S.& B.Roosen und Berend Roosen)

Abb. 18 Flagge der *Kosmos*-Reederei

1. Schiffe der Reederei Berend Roosen (1860–1882)

Name	Typ	Baujahr	Abgabe	Reisen / Besonderes
Ocean II	Vollschiff	1838	1862	1858: China, Chile
Mercurius	Bark	1829	1866	Chile
Argo (I)	Vollschiff	1831	1865	Chile
Sirius	Brigg	1841	1861	1861: Bahia
Jupiter II	Brigg	1855	1866	1857: Sansibar
Minerva II	Bark	1860	1874	1861: Batavia
Amaranth	Bark	1861	1867	
Orion	Bark	1862	1871	Südamerika
Iris	Schoner	1861	1875	1873–1875: China
Ocean III	Bark	1862	1877	1862: St. Francisco
Catharina	Bark	1863	1880	1876: Kapstadt
Therese	Bark	1863	1875	später verschollen
Laura	Bark	1864	1875	verk. an Sieveking
Galathea II	Bark	1865	1870	St. Francisco
Excelsior I	Bark	1867	1875	1868: Montevideo
Herkules	Bark (Eisen)	1871	1877	Kollision auf der Elbe, als Wrack verk.
Argo	Vollschiff (Eisen)	1875	1882	verkauft an M.G.Amsinck
Excelsior II	Bark (Eisen)	1877	1881	auf Scilly Islands gekentert, Kpt.Lohse

Anmerkungen:

Die Tabelle wurde zusammengestellt anhand einer Liste des Kapitäns Kornitzer (Lit. 1), die alle (insges. ca. 150) Segelschiffe der Roosen-Reedereien von 1746–1883 mit etlichen Detailangaben enthält.

Die Briggs (Zweimaster) hatten ca. 250 BRT, in einem Fall waren 12 Mann als Besatzung angegeben. Die Barks (Dreimaster) waren etwa 50 m lang und hatten ca. 400 BRT. Seine 2-jährige Weltreise um 1858 hat Berend Roosen vielleicht auch mit dem Vollschiff *Ocean* II (s. Abb. 19) unternommen. Das größte Schiff, das Vollschiff *Argo*, war 70 m lang und 12 m breit mit ca. 1.000 BRT (s. Abb. 20).

Abb. 19 Vollschiff *Ocean* II (um 1850)
(340 BRT)

Abb. 20 Vollschiff *Argo* (um 1880)
(1.010 BRT)

2. Schiffe der *Kosmos-Linie* (um 1886)
[*Deutsche Dampfschiffahrtsgesellschaft Kosmos*]

Name	Baujahr	Abgabe	Besonderes
Denderah II (*Lemnos* I)	1883	1900	an *Deutsche Levante Linie*, 1901 auf der Elbe gesunken
Ibis	1873	1888	an Slomann
Kambyses I	1884	1898	an *Kirsten/Slomann* sank 1909
Luxor I	1873	1888	an de Freitas
Memphis I	1873	1891	verkauft
Menes I	1881	1887	verkauft
Neko I	1882	1891	gesunken
Ramses I	1876	1893	gesunken
Setos I	1883	1901	gesunken
Theben II (*Thasos* I)	1879	1895	an *Deutsche Levante Linie*, gestrandet
Totmes I	1884	1898	an *Slomann* 1911 vermisst auf See
Uarda I	1880	1889	an de Freitas

Anmerkungen:

Die Reederei, die 1872 unter Beteiligung von Berend Roosen gegründet wurde, betrieb ausschließlich Dampfschiffe, die anfangs – wie die *Totmes* – zusätzlich mit Segeln bestückt waren (s. Abb. 21). Die Tonnage der Frachtschiffe, die später auch in geringem Umfang für Passagiere ausgelegt waren, lag 1886 zwischen 1.500 und 3.000 BRT.

Die *Kosmos-Linie* befuhr um 1886 (über die Magellanstraße) vor allem die Westküste Südamerikas, zeitweise hinauf bis nach Guatemala. Ab 1880 wurden auch die Falklandinseln angefahren. Der Verkehr erfolgte monatlich, später 14-täglich. 1889 fusionierte die *Kosmos*-Reederei mit der konkurrierenden *Kirsten-Line* (Lit. 5).

Den *kursiv* gedruckten Schiffen der *Kosmos-Linie* begegnete Berend Roosen auf seiner Chile-Reise, ebenso dem *Kirsten*-Schiff *Hermia* vor und nach der Strandung.

Ich habe Dich je und je geliebet, darum habe ich
Dich zu mir gezogen aus lauter Güte.

Jeremias 31. v. 3

Abb. 21 Segel-Dampfschiff *Totmes* (?) vor Flores
(Insel vor Montevideo/Uruguay);
gelbe Quarantäneflagge auf Schiff und Krankenhaus (?),
der Leuchtturm steht noch heute
(anonymes Aquarell aus einer Gedächtnismappe für Berend Roosen)

Anhang II

Stammbaum der Familien Roosen und Linnich

Berend V. Roosen ~ Catharina Goos
(1795 – 1860)   (1808 – 1862)

Christine W. Rübner ~ **Hermann IV. Linnich** ~ Gertrud Thomsen
(1810 – 1870)   (1802 – 1847)   (1804 – 1829)

Maria Elisabeth
(1832 – 1896)

Wilhelmine
(1833–1899)

Therese Zimmer ~ **Berend VII.** ~ Johanna Linnich
(1846 – 1866)   (1835 – 1887)   (1839 – 1915)

Nicolaus
(Chile)
~Rosalba

Bertha

Hermann V.
(1828–1888)

Laura
(1864-1888)

Agnes
(1871-1923)

Berend VIII.
(1873-1945)

Käthe ~ Ulrich Sieveking
(1877-1942) (1878-1952)

Friedrich
(1907-2002)

Ulrich
(1910-2000)

Johannes
(1912-1987)

92

Literaturhinweise

1. Gustav Arthur Roosen: Die Familie Roosen und ihre Anverwandten (Aufzeichnungen für seine Kinder, beendet 1951),
    Privatdruck, Hamburg, 1952.
2. Catharina Sieveking, geb. Roosen: Afrika 1906,
    Books on Demand, Norderstedt, 2018.
3. Ulrich Sieveking: Hamburg, 1906.
    Books on Demand, Norderstedt, 2018.
4. Walter Kresse: „Aus der Vergangenheit der Reiherstiegwerft in Hamburg", in: *Werkzeitung Deutsche Werft*, Hamburg, 1966: Abb. 19.
5. Otto Mathies: Hamburgs Reederei 1814–1914,
    Friederichsen & Co., Hamburg, 1924: Abb. 20.
6. Genealogisches Handbuch Bürgerlicher Familien, 18. Band;
    Hamburger Geschlechterbuch, Erster Band,
    C.A. Starke-Verlag, Görlitz, 1910.
7. Stielers Handatlas, Justus Perthes, Gotha, 1905: Karten von Chile.

Dank des Herausgebers

Meiner Schwester Elisabeth Kelly danke ich für die Monographie von Agnes Roosen und meinen Vettern Malte und Roland Sieveking für die Überlassung des Reisetagebuchs von Berend Roosen und der Gedächtnismappe.

Meinem Lektor und Korrektor, Moritz Päffgen, danke ich für kritische Anmerkungen und die geduldige Durchsicht der verschiedenen Fassungen, vor allem aber für viele intensive Gespräche bei gleichbleibendem Interesse.